JN319608

イスラームから世界を見る

内藤正典 Naito Masanori

★──ちくまプリマー新書

184

目次 ＊ Contents

第1章　誤解されてきたイスラーム

2001年9月11日、テロ攻撃を受け炎上する世界貿易センタービル（dpa/PANA）

衝突を避けるために

二〇〇一年の九月十一日、アメリカの歴史始まって以来のテロ事件が起きました。ニューヨークの世界貿易センタービル二棟に旅客機二機が突入して、ビルは崩れ落ちます。ほぼ同じ時刻に、バージニア州アーリントンのアメリカ国防総省（建物の形が五角形なのでペンタゴンと呼ばれます）にも旅客機が突っ込みます。そしてもう一機は、ワシントンのホワイトハウス（大統領官邸）か議会を標的にしたと思われますが、それは成功せず、途中で墜落しました。四機の飛行機をテロリストたちがハイジャックして起こした一連のテロで、およそ三〇〇〇人が犠牲となりました。この9・11という未曽有のテロ事件から十年あまりがたちました。このテロ事件は、オサマ・ビン・ラディンと彼が率いるアル・カイダという「イスラーム」を名乗る組織が起こしたとされました。この事件以降、初めて本土が攻撃されたアメリカはもちろんのこと、多くのムスリム（イスラーム教徒）移民が暮らすヨーロッパ諸国も、イスラームを自分たちの敵であると思い込んでいきます。過去十年、イスラーム世界諸国と欧米諸国との関係は、ひどく険悪なものとなりました。

そのきっかけとなったテロですが、私も、たぶんビン・ラディンたちが関与したのだろうとは思いますが、いまもって、直接の証拠を見たわけではありません。自爆テロ実行犯は、爆死してしまいました。後に残ったのは、9・11の首謀者とされたオサマ・ビン・ラディン、彼が率いるアル・カイダという戦闘的イスラーム主義の集団、そして彼らを客分として匿《かくま》ったアフガニスタンのタリバンでした。彼らは世界の秩序を破壊した人間性のない極悪非道のテロリストだという言説が、世界を覆い尽くしました。そして、アメリカは、自国に対する脅威を主張して、アフガニスタンとイラクへ侵攻し、国を破壊しました。

この言説は、実にすばやく世界中に広がったのですが、広がっていく過程で、アル・カイダ＝極悪非道から、ムスリムをみたらテロリストと思え、というひどい拡大解釈を生み出しました。日本では、幸い、この種の偏見はさほど広まっていませんが、ヨーロッパやアメリカでは、過去十年のあいだに、多くの人たちが疑問に思わなくなるほどにまで浸透してしまったのです。

ムスリムは世界中に、およそ一五億人もいるといわれています。当のムスリムは、ビン・ラディンが、アメリカ人やユダヤ人と戦って彼らを殺害しろとムスリムに呼びかけたことに対して「ありえないほど馬鹿げている」と感じていました。ビン・ラディンというのは、サウジアラビアで財をなした大富豪を親にもっていますから、いわば、道楽息子の馬鹿が大金をつかって反米・反イスラエル宣伝をしつづけていたわけです。世界中のムスリムも、そのことを知っていました。その彼の一味が、9・11というテロを起こしたのですから、多くのムスリムにとって、大迷惑なことでした。実際、無差別に人を殺すテロは、言うまでもなく、イスラームでも厳禁されています。

にもかかわらず、なぜ欧米諸国は、ビン・ラディンやアル・カイダが途方もなく「イスラームから逸脱した愚か者」だと考えずに、「ムスリムがみんなビン・ラディンやアル・カイダとおなじだ」と考えてしまったのでしょう。

そこには、事柄がイスラームやムスリムに関係していると、突然、「常識的な理解」ができなくなるという欧米固有のイスラーム観がとても深く作用しています。

アメリカのジョージ・ブッシュ前大統領は、明らかな根拠もなしにイラク戦争を始め、自国の兵士に多くの犠牲者をだした国家元首でした。その意味では、ひどく粗暴な政策をとったと言えます。そして、彼は敬虔《けいけん》なキリスト教徒としても知られています。

ここで少し考えていただきたいことがあります。日本人も、欧米の人びとも、「世界中のキリスト教徒はみなブッシュのように暴力的で野蛮な連中だ」とは思いません。ムスリムも、そんな馬鹿なことは言いません。

しかし、相手がムスリムとなると、このような馬鹿げた話が、すっと通ってしまいます。

日本人の場合、キリスト教というとマザー・テレサのような超善人を思い浮かべてしまって、血に飢えたように戦争を繰り返してきたヨーロッパ千年の歴史を思い浮かべないでしょう。しかし、キリスト教徒だったフランス人のジャンヌ・ダルクを火あぶりにしたのは、同じキリスト教のイギリスでしたし、長い間、異端審問と称して魔女狩りという恐ろしい暴力を正当化していたのはカトリックの聖職者たちでした。

それどころか、宗教改革の動きがでてくるころからフランス革命にいたるまで、およそヨーロッパの歴史のどこを切り取っても、教皇や王侯が陰謀と殺戮《さつりく》を繰り返していることがわかります。西欧のキリスト教国家は驚くほど暴力の連鎖のなかにありました。

それでも、キリスト教徒が一般に暴力的で野蛮だと考える人は少ないでしょう。ジョージ・ブッシュが暴力的だったとは思っても、それは彼がキリスト教徒だったからとは誰も思わないはずです。

西欧のキリスト教国は、実に血なまぐさい歴史の主役でしたが、キリスト教の教えそのものには暴力を肯定するところがありません。考えてみると、実に不思議なことなのです。キリスト教そのものは、平和と愛を説き、イエス自身も徹底して非暴力の精神で、十字架に掛けられて殺されます。それなのに、キリスト教徒は延々と戦争と暴虐を繰り返してきました。

第一次世界大戦も、第二次世界大戦も、ヨーロッパでは、キリスト教徒どうしの衝突です。それでも、欧米諸国にはキリスト教徒が多いから、戦争ばかりしてきた、とは誰も思わないのです。

ところが、イスラームの場合には、宗教が暴力的だから信徒も暴力的になると、あっさり信じられてしまいました。

しかし、そんなことがありうるでしょうか。平和と愛を説くキリスト教を信じた人たちが、あれだけ戦争好きだったのです。イスラームが暴力と冷酷の宗教だったら、いまごろ世界は破滅しています。ムスリムはいまや、世界の人口の四分の一を占めると言われています。その彼らが好戦的だったら、それこそ収拾がつかないでしょう。

ムスリムに言わせると、自分たちの宗教は、「平和と愛の宗教」だとなりますが、それはひとまず置いておきましょう。どんな宗教でも、信仰している当人は、自分の宗教を暴力的だと言うはずがないからです。

信徒でない私から見ると、ムスリムは、少なくとも戦争に向いていません。イスラームという宗教には、商業的な性格が強くて、商売の公正について細かい規定をもっています。極端な言い方をすると、原点においてイスラームは商売人の宗教だったと言ってもよいくらいです。イスラームを創始したムハンマド（五七〇？―六三二年）は商人でした。神（アッラーと言います）からのメッセージ（啓示）を預かったので、預言者ムハンマドと呼びます。啓示のなかには商取引を公正にしなければいけないとか、善行を積むことは神に「貸付」をすることだとか、結婚も公正な取引でなければいけないとか、商業的な教えが数多くあります。商売に戦争や戦乱は邪魔です。商売はそもそもお互いに対等な関係でないとフェアな取引になりませんし、フェアな取引があってこそ、お互いが繁栄するものです。したがって、ムスリムが好戦的だと言うのは無理があります。

しかし、戦争について規定がないかというと、そんなことはありません。イスラームには、戦いや殺人についても厳しい規定があります。その一つは、信徒が命の危機に瀕《ひん》していると考えれば、戦いによって信徒を守れと神が命じていることです。この戦いは「ジハード」と呼ばれます。ただし、ジハードの原義は信仰を正しくするための努力です。信徒の仲間が危機に瀕しているときには、彼らを救うことも防衛のためのジハードですから、ムスリムとしての義務となるわけです。

その一方で、理由なき殺人に対しては厳格に禁止します。子どもや女性、高齢者は、守られるべき弱者と位置づけられていますので、戦争で犠牲にしてはなりませんし、戦闘員にも数えないことになっています。ですから、イスラームは、武力や暴力の行使を全面的に否定しているわけではないのです。むしろ、戦いはありうることだが、どういう理由で行うのか、だれを兵士にしてはいけないのかまで規定しているのです。

もっとも、実際のところ、信徒の共同体が危機にあっても、ムスリムはなかなか行動を起こしません。実際のムスリムは、なかなかだらしのないところがあって、ジハードに限らず、イスラームの規範として求められていることをきっちり実践しません。実は、その点も、すでにムハンマドがイスラームを創始したときからわかっていて、神の人間へのメッセージを記した聖典コーランのなかにも、怠惰な信徒を叱る神のことばがつづられています。むしろイスラームは、人間がいかに欲望に弱い存在であるかを前提としています。だから、ジハードの規定も強調してきたのです。

しかし、ムスリムは、中世以来のヨーロッパのキリスト教国の王たちのように、神に対して面従腹背ではありません。神に対する畏れと、最後の審判での裁きに対する恐怖はムスリムの方がはるかに強いように思えます。

もうひとつ言えば、イスラームは、現世の快楽についても、神が認めた範囲で愉《たの》しんでよいと肯定的です。この点は禁欲を説くキリスト教とだいぶ違います。禁欲主義というのは、イスラームにはあまり登場しません。一年にひと月、ラマダン月（イスラーム暦で九月。イスラーム暦は太陰暦なので毎年前にずれる）のあいだだけ、そして日の出から日の入りまでは、禁欲するように求めていますが、それも禁欲の解かれた夜は、食事もセックス（夫婦間のみです）も愉しんでよいと、わざわざコーランにも記されています。断食月の禁欲は、一年に約ひと月くらいは欲望を抑えることで、貧者や弱者を思いやることを求めているのであって、イスラームが禁欲主義だから求めているのではありません。コーランというのは、預言者ムハンマドが神から下された人間へのメッセージを記した書物ですから、ムスリムにとっては「神のことば」そのものです。したがってそこに記されていることは、人間としてのムハンマドのことばではなく、神の意思ですから、人間はそれに逆らうことはできません。

現世の快楽についても、神の許した範囲での追求を認め、公正な商売で金儲《もう》けすることを容認し、同時に弱者をいたわることで富を再分配するというのがイスラーム的な社会システムの根幹です。だからこそ、はじまって数世紀のうちに世界に広がったのです。征服で無理やり改宗を迫ったのでは、これだけ広い範囲に広まるはずがありません。

ムスリムの人口は、いまも増えています。好きでも、嫌いでも、これからの私たちは、イスラームという宗教を信じる人たちと共存していかなければなりません。欧米には、イスラームをひどく嫌ったり、軽蔑したりする風潮が蔓延《まんえん》してきましたが、そんなことを続けていると、イスラームと西欧という巨大な文明世界が、激しく衝突してしまいます。衝突の危険は、過去二十年ほどのあいだに、急速に危険なレベルに達しています。もともと「水と油だから」衝突は避けられないのだと決めつけてしまう前に、西欧世界はイスラームの何を誤解してきたのかを知らねばなりません。

イスラームする人

ここで早速、「イスラームとは何か」を考えてみましょう。いまでも「イスラム教」と呼ぶことのほうが多いので、イスラームと書くと聞きなれない感じがする方も多いと思います。この宗教は「イスラームというものを信じる宗教」ではなく、「イスラームする宗教」なのです。

イスラームするというのは、「唯一」の「絶対者」である神（アッラー）に全てを預け、アッラーの定めたとおりに従うことを言います。唯一神であるアッラーに全面的に服従する、あるいは帰依すると言ってもかまいません。そして、イスラームする人のことをムスリムと言います。

ムスリムになるには、この一点だけを信じればよいのです。実際、イスラームに入信するときに行う信仰の告白は、「アッラー以外に神はなし、ムハンマドはアッラーの使徒である」と心の底から唱えるだけです。面倒な戒律のたぐいを知っている必要もありませんし、コーランを読んでおく必要もありません。

ただ一点、アッラーが唯一の全能の神であること、そのアッラーに全てをゆだね、その教えに従うと誓うだけのことです。

実はこれとよく似た発想は日本にもあります。浄土宗では、念仏を唱えます。「南無阿弥陀仏《なむあみだぶつ》」の「南無」は、絶対的な帰依のことですし、「阿弥陀仏」は宇宙を統べる諸仏の師ですから、イスラームの神に似ています。法然《ほうねん》がひらいた浄土宗では、信徒がひたすら「南無阿弥陀仏」を唱えることで救われると考えますし、法然の弟子であった親鸞《しんらん》の浄土真宗では、阿弥陀が人間の願いを聞き届けてくれることに対する感謝として念仏を唱えます。

それまでの仏教が、人間の身分によって仏の救済に格差があることを認めたり、長く苦しい修行の末でないと悟りが開けないとしていたのに対して、法然と親鸞は仏教を普遍的な宗教へと導くための一大改革を成し遂げたことになります。ごくシンプルに念仏を唱えることが、信仰の礎となり、救済の証《あかし》にもなるというのは、イスラームと相通じるところがあります。

さて、イスラームとキリスト教やユダヤ教との違いにも触れておきましょう。ユダヤ教、キリスト教、イスラームは、一神教といいます。神が一人だからです。成立したのもこの順番です。できた順、というのは三者の関係について決定的な意味を持ちます。当たり前のことですが、先に成立した方からみると、後にできた方がインチキということになります。後にできた方は、少なくとも神様は一人という原則を立てている以上、先にできた一神教を「先輩」として敬意をもって扱わなければなりません。

一神教はいずれも、一人の絶対者としての神が人間にメッセージ（啓示）を与えたというつくりになっているわけですから、メッセージが古くても間違いということにはなりません。もし、先に下された啓示が間違いだということにしてしまうと、神の絶対性に傷がついてしまうからです。

このため、後発の一神教は先輩の一神教を一定のところまで尊敬します。ただし、神のメッセージは正しかったのに、信徒がそれを間違って解釈したとみなします。こうすれば、後発の方が、より正しく神の教えを受け継いだということになるからです。

イスラームからキリスト教やユダヤ教をみるときの視点というのは、まさにこの通りになります。先輩だから顔を立てます。コーランでは、イエスも洗礼者ヨハネも、そしてモーセやダビデも「預言者」であり、神の啓示を授かったとしています。イエスは正しい人であったと、ちゃんと敬意を表しています。

しかし、後代の信徒たちがその教えを歪《ゆが》めてしまったことも指摘するのです。ユダヤ教に対しては、ユダヤの民だけが神から選ばれたとする選民思想をひどく嫌います。世界を統率する絶対者である神が、特定の民族だけを選ぶことなどありえないと考えるからです。キリスト教徒に対しては、後に、特定の教会がイエスを神の子としてしまったことをイスラームは強く否定します。コーランには、神が怒気を帯びて、「神が子を成したとはなんとばちあたりなことを言う」とキリスト教徒を批判する場面が描かれています。キリスト教でも、最初は議論が分かれていたのですが、後に力をもった教会は、父、子（イエス）、聖霊の三位《さんみ》一体《いったい》ということを強く主張するようになります。ムスリムは、これを受け入れません。イスラームからみると、この三位一体の教えは、一神教の基本であるべき神の唯一性を歪めているように見えるのです。

もう一つ、キリスト教との違いで重要な点を指摘しておきます。キリスト教の正教会やカトリックは、聖職者という存在を認めています。俗人と聖職者を分かつのは、欲望に浸《つ》かって生きるのか、それとも欲望を断って神に人生を捧げるのか、という差でした。もっとも、堕落した聖職者への批判から宗教改革がおきて、プロテスタントがキリスト教のなかで大きな力をもつようになりますが。このプロテスタントは、聖職者をおきません。牧師といいますが、あくまで羊飼いのように信徒を導く存在であって聖職者ではありません。

イスラームでは、聖職者の存在を認めませんし、そもそも欲望を断つことを評価しません。ムハンマドの生前の言行（これをスンナといいます）を書き記したのがハディースですが、そのなかには、禁欲を推奨する人をムハンマドが批判する箇所があります。眠らないで修行し、妻も持たないなどと自慢する人に対して、ムハンマドは自分の生き方とは違うときっぱりと否定します。親鸞が妻帯したことで、古い仏教界から非難を浴びたことと似ています。信仰を深めれば深めるほど、夾雑物《きょうざつぶつ》（混じってしまったどうでもよいもの）が取り除かれていき、純粋なものに深化していくことを言い当てていた点で興味深いことです。

従うべき規範を神にゆだねる

イスラームについてよく言われることに、あれをするな、これをするな、と人間の自由をひどく抑圧し、戒律がうるさい宗教だという話があります。これは、イスラームという宗教の本質を逆にとらえた結果と言えます。イスラームは、神への絶対的な服従を命じています。イスラームの人間観の根底には、人間は欲望に対してはなはだ弱い存在であるから、人間自身がルールを定めても、どうせすぐに破ってしまうという確信があります。だからありとあらゆることに神から下された規範（ルール）を示すのです。これを「うるさい」と思うなら、自由を抑圧する宗教ということになります。しかし、ムスリムは、規範の範囲では「自由に欲望を充《み》たしてよい」という自由の方を大きく評価します。神と共に生きることによって、人間は一定の自由を得られると考えるのです。

人間の従うべき規範の源を神からの啓示にゆだねているのですから、人間は、いちいち、これは善い行いなのか、悪い行いなのかを思い煩う必要がありません。その判断を神にまかせたほうが楽だろうというのがイスラーム的発想です。

その代わり、何が善行で、何が悪行であるのかをイスラームの法の源にさかのぼって教えてくれる先生が必要になります。神が預言者ムハンマドに下した啓示を集成したコーランは、神のことばそのものですから、絶対的な法源となります。それに加えて、ムハンマドの生前の言行（スンナ）も法源です。それを弟子たちや後世の学者が書き記したのがハディースです。

スンナ派というのは、ムハンマドのスンナを法源とするところから名づけられたのです。イスラームについて、スンナ派とシーア派を二大宗派と呼ぶことがあります。シーア派というのはムハンマドから数えて四代目の正統指導者（カリフ）であったアリー（六〇〇？―六六一年）をことのほか崇敬する人たちのことです。「アリーに付き従う人びと」を意味するシーア・アリーということばのアリーが抜け落ちてシーア派とよばれるようになりました。言うならば、（アリーの）「追っかけ」派というのがもとの意味です。簡単に言ってしまうと、シーア派以外の人たちが、後にスンナ派ということになっていったのです。アリーは、ムハンマドの娘婿ですから、イスラーム誕生後のごく初期の人です。シーア派の集団が生まれたころは、シーア派か、それ以外の信徒しかいませんから、スンナ派はまだ成立していませんでした。

シーア派のほうは、アリーとその後継者の言行も法源とみなしますので、スンナ派よりも法源の範囲が広くなります。さらに、これはスンナ派もシーア派も似ていますが、コーランやスンナに出てこないことについて判断を求められると、法の源にさかのぼって、そこから導き出せる結論を判断の基準にします。これをキヤースといいます。また、多くのイスラーム学者が合意したこと（イジュマー）も法の源としての効力をもちます。時代がかわるにつれて、善か悪かを判断しなければならない事項も増えていきますので、イスラーム法学者は、その都度、新しい判断を法源にさかのぼって判定をしていくことになります。

イスラームに聖職者がいないと言ったのは、修行や禁欲で、こういうことの判断ができるとは限らないからです。人里離れた庵《いおり》でひっそりと修行をする人に、インターネットの使用は是か非かというような問いに答えられるはずはありません。正しいイスラームを継承していくのに必要なのは、ふつうの人びとが生きる社会から隔絶された環境で修行することでも、禁欲することでふつうの人びとの欲望への情念から遠ざかることでもないのです。むしろ、人びとのあいだにあって、絶えず寄せられる疑問に対して、聖典コーラン（神の言葉そのものです）や預言者ムハンマドの言行を集成したハディース、そして過去の学者たちが合意したことがらなど、膨大な蓄積のなかから答えを導き出す学識をもつことが、イスラーム指導者の条件です。

わからないことは神に丸投げする

ものごとの原因と結果についても、ムスリムは私たちとは異なる考え方をします。私たちは、欧米の人たちと同じように、ものごとには原因があって結果があると考えます。木からリンゴが落ちるとき、何メートルの高さにあったら、何秒後に落ちてくるというのは、方程式で答えを求めることができるのであって、いちいち、神様に尋ねるものとは考えません。同じように、ある種の病気は、ある種の生活習慣によって起きると考えます。ここでも、神の出番はありません。

もちろん、ムスリムもこのような西欧近代科学の発想、つまり私たちのことばでいう合理主義的な考え方を理解します。何から何まで神様まかせにするわけではありません。ただし、人の生死に関することがら、人の運命に関することがらについては、断固として合理主義の発想をしりぞけます。あした、自分の身に何が起きるかなど、もちろん誰にもわからないことです。死については、病気がかなり進行してくると命にかかわることは、私たちもムスリムも理解します。

しかしながら、死の訪れについても、病気に罹《かか》ることについても、合理主義的に「原因」ばかりを追究することを、ムスリムは神をないがしろにする不遜なことと考えています。西欧近代科学のことばで説明できることであっても、ムスリムは、人の生死や運命に関することは、神の手にあるのであって、人が「原因」と「結果」を結びつける因果関係をくどくどと語って聞かせることをひどくきらいます。

この点は、現代の社会に生きる私たちにも、実は大切なヒントを与えてくれます。病気に罹ったとき、その原因を追究しつづけても、本人にもまわりの人にとっても苦しみを増すばかりで、心の平安をもたらさないからです。

死も同じです。死にあたって、周囲の人びとが嘆き悲しむのは、私たちも、ムスリムもまったく変わりません。しかし、ムスリムは、死者の家族や縁者にむかって、死の原因を語りません。ただ、ひたすら、死者が神（アッラー）の御許《みもと》に召されたということを言い続けます。そして、生前、どんなに悪いことをしていようと、来世で楽園（天国）に入るために神の御許に召されたことを、むしろ肯定的に語るのです。ムスリムは、おしなべてこういうふうに考えますから、身近に死を迎えた人がいるとき、みなで家族や縁者の悲しみを和らげようとしているようにみえます。

死という人間の手では左右できないことがらを、神に丸投げしているのです。神に丸投げすることによって、生きて残された人間が、エンドレスの悲しみに陥らないようにするのです。しかし、神を持たないと、これは不可能です。死や運命について、丸投げにする相手が神なのですから、神を持たない人びとは、死や運命、病や事故などのつらいできごとについて、合理的に「原因」と「結果」をむすぶ論理を探そうともがいてしまいます。

事故や事件、そして災害で亡くなった方について、「どうして誰々さんは死ななければならなかったのか」というようなことばを耳にします。このような台詞《せりふ》というのは、ムスリムには考えられません。こう言われたら、ムスリムはおそらく耐えられないでしょう。「死ななければならない」というようなことはありえないのです。死ななければならなかったとするなら、それは神が、そう定めたからであって、他に原因などありえないと考えるのがムスリムです。

それでは理不尽だ、原因を追究しなければいけない——こう考えるのは西欧近代の発想を私たちが受け継いでいるからです。次にその点を考えながら、イスラームの特色を見ていきましょう。

世俗主義 vs.イスラーム

神を持たないで生きていこうとすることを世俗主義といいます。個人の生き方について、神に干渉されたくないという発想も世俗主義です。神から離れることによって、人間は自由を得られるという考え方です。この考え方を押し広げると、社会も国家も、宗教の干渉を受けるべきではないという方向に向かいます。十八世紀ごろからヨーロッパに広まった思想で、現代では世界を席巻《せっけん》するほどの力をもつ思想です。

世俗主義というのは、一言で言えば、この世界を生きていくのに、いちいち神様に頼る必要はない、神の教えをこの世のルールに持ち込まないでくれという考え方です。社会や国家を世俗主義の下におくことで、宗教は政治に干渉せず、政治もまた宗教に干渉できません。そのほうが、個人としての信教の自由も確保されると考えます。

日本では、ふつう「政教分離」という言葉のほうが使われます。世俗主義というのは、単に政治だけでなく、たとえば公教育のような分野にも宗教的な規範が介入することを認めません。もう少し突き詰めて言いますと、信仰は人の心の内面にのみあるべきで、他人に宗教に由来する規範を押し付けたり、これみよがしに自分の信仰を表に出したりすべきではないというのも、世俗主義の考え方に入ります。

ところが、ムスリムは、この「世俗主義」を根本的に受け入れることができません。世俗主義者は、二十一世紀の現代に、まだ神様に服従するなんて時代遅れなことを信じているのか、と考えます。このような発想は、宗教から離れることが、人間社会に進歩と自由をもたらすというヨーロッパ社会独自の啓蒙《けいもう》思想にもとづいています。啓蒙の「蒙」というのは、道理をわきまえない愚かさのことですから、啓蒙とは、蒙を啓《ひら》く、つまり無知で愚かな状態から解放することを意味します。英語ではenlightenmentですから、（光を当てることで）暗い時代から人びとを解放するという「進歩」のニュアンスがあります。

確かに、近代ヨーロッパにおいて、自然科学、技術、医学、そして理念としての民主主義などを育てる原動力として、世俗主義が必要だったことはそのとおりです。非西欧世界でも、日本のように、イスラームの影響のなかった地域では、やはり、啓蒙思想にもとづく合理主義は飛躍的な発展をもたらしました。明治以降の日本は、西欧近代の合理主義による国家像と、万世一系の天皇が「神」として統治するという神話的な国家像をなんとか接合しようとします。国家の宗教となった神道は、結果的に戦争に人びとを駆り立て、戦争を肯定するための道具として使われました。そのため、戦後になってアメリカを中心とする占領軍の支配を受けると、「非合理的なロジック」で国家を造ろうとしたことは全面的に否定され、政教分離が憲法上の原則と定められました。この変化は、たとえ欧米の戦勝国が押し付けたものであったとしても、非イスラーム圏の近代国家としては当然のことです。

しかし、イスラーム社会では、これはあてはまらないのです。もう少し正確にいえば、神から離れることによって、人間が自由で合理的な発想をもつようになり、そうすると社会も進歩するという考え方をムスリムは取らないのです。ムスリムも、科学や医学を西欧から学んでいますし、技術的な革新についてもキャッチアップしていきます。しかし、人間とその社会が、神から離れると自由になるとは決して考えませんし、したがって神から離れることで社会が発展するとも、絶対に考えません。

私も、世俗主義の社会に生きていますが、世俗主義に含まれているある種の「力」は、異なる宗教文化との共生、特にイスラームとの共生にとって障害となると否定的に見ています。世俗主義というものには、功罪両方があるのではないか、という疑いが頭を離れません。とくに、過去十年のあいだに深まった西欧世界とイスラーム世界との亀裂には、西欧社会が世俗主義にもとづいて、イスラームとムスリムを攻撃してきた側面が少なくありません。

とくに、イスラームは女性の人権を抑圧する宗教だという批判、イスラームは理性を軽視して暴力に走る宗教だという批判の二つは、いずれも世俗主義の立場から激しくなされてきました。

結論からいえば、二つの批判とも、世俗主義のものさしで測るなら当たっています。世俗主義を絶対視して、ムスリムにこの批判を繰り返しても暖簾《のれん》に腕押しになるだけです。第一の点ですが、ムスリム側は、イスラームが女性を大切にしてきたことを必ず主張します。それは神が人間に下した規範そのものを集成したコーランにも、たしかに書かれています。コーランは神のことばそのものですから、すべてのムスリムにとって絶対的規範になり、解釈変更も修正も絶対にできません。

世俗主義の側との争点になることを一つだけ取り上げましょう。よく知られた四人妻の規定といわれるものです。西欧の世俗主義の枠のなかにあるフェミニストからひどく嫌われる典型例が、複数の妻との婚姻をみとめるということです。

コーランでは、「孤児のことを案ずるならば」、「二人、三人、四人の妻と結婚してもいい」、しかし「妻を平等に処遇できないのならダメだ」としています。フェミニストが攻撃するのは、真ん中の「複数の妻との婚姻」の部分で、これが女性側には認められていない点です。しかし、前段の「孤児のことを案ずるならば」はイスラームを創始したムハンマドの時代に、夫が戦死して残された妻と子どもを困窮させないための指示です。そして、複数の妻に対する平等規定を守れないならば禁止となっています。

したがって、ここに定められていることは、男性の性欲にまかせて複数の妻をもってよいというのではありません。この点でのフェミニストの批判は的外れだということになります。つぎに、男性にだけ重婚を認め、女性には認めないことですが、これは世俗主義から男女の平等を説くかぎり、女性に対する不平等規定になります。しかし、イスラーム側は、女性にもこれを認めると、誰が父親だかわからなくなることで反論します。しかし、誰が父親であろうと関係ないと世俗主義フェミニストに反論されると、それ以上は議論が平行線をたどります。

西欧社会では、この点から、イスラームが女性を軽視しているという批判が導かれるわけですが、ムスリムは、家庭のなかでの女性の地位が強固であること、夫といえども家庭のなかのことで妻に命令できないことなどを挙げて反論します。「家のなかで中心となるのは誰か」とムスリムに尋ねると、きまって母親だと答えます。しかし、西欧側からは、イスラームでは離婚の宣言が男性からしかできない、結婚するときに男性が女性に金品を渡している（人身売買）などの批判が殺到してしまい、イスラーム＝女性抑圧という図式が完成していきます。

たしかにイスラーム法にしたがうと、離婚は夫が妻に三回「別れる」と宣言すると成立します。

それ見たことか、と言われそうですが、実際にはそう簡単にいきません。喧嘩《けんか》のついでに「出ていけ」と三回怒鳴ったりすると、本当に、離婚が成立します。したがって、ＤＶ亭主がよくやることですが、暴力をふるった後に、すがりついて「君がいないと、僕はだめなんだよ」と言っても後の祭りです。よりを戻してしまえばいいじゃないか、というとそうもいかないのです。イスラーム法では、離婚は男性側が一方的に宣言すれば成立しますが、よりを戻そうとすると、その前に、妻は、一度別の男性と結婚して「蜜の味」を味わうことが必要と定められています。愚かな夫は、一度、妻が他人と結婚した後でないと、よりを戻せないと定められています。これは、ムハンマドの言行録ハディースに典拠がありますので、全てのムスリムが従わなくてはなりません。

それに、結婚のときに支払う金品ですが、あれは人身売買ではなく、離婚の際の慰謝料のデポジット（前金）です。コーランは、何があっても、離婚するときにその金を取り戻そうとするなと厳しく禁止しています。そして、離婚にあたって妻を侮辱することも、コーランによると神は激しい怒りでこれを禁じています。

さて、こうなってくると、結婚や離婚に関するイスラームの規範は、神を捨てた世俗主義のフェミニストが攻撃できるほど、単純なものではないことがわかります。しかし、世俗主義者は、そもそも、いちいち神の下した啓示に立ち返って反論すること自体に耐えられないのです。ですから、最後は、まるごとイスラームを否定することになってしまいます。神様にすがるなんて遅れた人間のすること、という全否定の攻撃になるのです。

付け加えておけば、一夫多妻など、ふつうは実現するはずがありません。もし、これが一般的に行われたら、結婚できない男がわんさとうまれてしまいます。もし、イスラームが男尊女卑の宗教で、女性を抑圧しているのなら、男性が困るような規定をもつはずがありません。イスラームでは、婚姻外のセックス、すなわち姦通《かんつう》を死刑と定めていますから、一夫多妻がふつうに行われたら、男性はたまったものではありません。ですから、この規定は、コーランに記されているとおり、戦災孤児とその母親に対する例外規定であって、男性の性的放縦をみとめるためのものではないと解釈するのが論理的と言えましょう。

キリスト教のイスラーム嫌い

ここまで、世俗主義というものが、現代の世界においてイスラームに対してひどく攻撃的になることを書いてきました。しかし、反イスラーム感情には、世俗主義からの非難に加えて、キリスト教からの非難もあります。

先に触れたように、ユダヤ教、キリスト教、そしてイスラームという三つの宗教はいずれも神は一人だといいます。ということは、ユダヤ教の神も、キリスト教の神も、そしてイスラームの神も「同じ神」でないと辻褄《つじつま》が合いません。

後発のイスラームでは、たしかにそう信じています。ムスリムは、ユダヤ教の神とキリスト教の神は、自分たちが信じる神（アッラー）と同じ神だと信じているのです。しかし、先行するユダヤ教やキリスト教は、イスラームをどう見るでしょう？　彼らから見ると、キリスト教が誕生して六百年以上もたってから、突然、また別の一神教ができたことなど信じたくないはずです。イスラームなど、偽物の一神教だと考えても不思議はありません。ですから、先行する一神教の側は、どうしても後発の一神教に対して敵意をもってしまいます。ユダヤ教の改革者として現れたイエスを十字架につけるよう、ユダヤ教徒たちがローマ総督のピラトに求めたのも、そうです。イスラームが後発の一神教であることが、今日までつづく反イスラーム感情の根源となっているのも同じことです。

現代の世界では、欧米のキリスト教徒からムスリムに対して、ひどい敵意が向けられることがあります。このキリスト教的反イスラーム感情の表出には、二つのパターンがあります。一つは、ムスリムとの付き合いがなく、彼らの生活や人生の価値観というものを全く知らないのに、西欧に何世紀もつづいてきた異教徒への反感を、いまだにひきずっているケースです。最近の例では、二〇一一年に、アメリカの牧師がコーランを焼き捨てて問題になりました。この牧師は、その前年にコーラン焚書《ふんしょ》計画をたてて、アメリカ政府からアフガニスタンに駐留している兵士たちを危険にさらすつもりかと激しい批判を浴びたのですが、とうとう燃やしてしまいました。

二〇〇六年には、カトリックの教皇ベネディクト十六世が、ムハンマドが冷酷と暴虐でイスラームを広めたという先人の言葉を引用しながらイスラームを批判しました。このときは、全世界のムスリムが反発しましたが、教皇はもちろん謝罪しませんでした。カトリックの頂点にある教皇は、神の代理人といってよい存在ですから、彼の発言は、教皇庁としてイスラームを敵視していると明言したのと同じです。きわめて、危険な発言でした。

こういう衝撃的な発言の裏には、何万という日常の差別があります。9・11の後になると、この種のイスラーム差別は、日を追ってあからさまに語られるようになります。ヨーロッパのなかでキリスト教色の強いドイツの社会では、ふつうの市民が、これ以上、イスラームの礼拝所（モスク）がドイツにできるのは見たくないと公言します。ドイツはキリスト教の国なのだから、ムスリムは出て行くべきだとも言います。一九九〇年代までは、まだ、このような発言は慎むべきだという自制心が働いていましたが、9・11以降は、すっかりそのような抑制がきかなくなっています。

一昔前まで、日本の進歩的知識人は、よくドイツの戦後と日本の戦後を比較して、ドイツは非ナチ化（ナチスに対する徹底した反省で二度とナチスの再来を許さないことを政策として実現すること）を徹底してきたのに、日本は、首相や閣僚が靖国《やすくに》神社に参拝したり、戦争を賛美する発言をしたりして、ドイツよりも反省が足りないと批判しました。

この種の比較というのは意味がありません。日本人が過去に犯した罪を反省するのに、他国を引き合いに出すということ自体が無意味ですし、他国を権威づけに使っているところがあります。しかし、もっと深刻なのは、このような「ドイツの戦後」観には、根本的な誤認があったことです。ドイツは、戦後になってナチスを徹底して批判しましたが、ドイツ社会のなかにある異民族に対する排斥の感情や、異なる宗教に対する嫌悪感を克服してはいなかったのです。ユダヤ人に対する非道な行為を反省したはずですが、それは、国内のトルコ人移民やムスリム移民に対する差別に対しては活《い》かされていません。

現代の西欧の世界では、一つは、世俗主義の大きな力によって、イスラームするムスリムに対する根源的な嫌悪というものが噴出するようになっています。そして、ヨーロッパやアメリカをキリスト教の大地だと信じるキリスト教徒たちからは、ムスリムは異教徒として排除されようとしています。

正しくイスラームしないムスリム

ここまで、西欧社会による反イスラームとムスリムへの差別の背景を簡単にまとめてきました。しかし、私は、ムスリムの側に問題がないとはまったく考えていません。今日の反イスラーム感情を引き起こした責任はムスリムにもあります。

それは、ムスリムがイスラームを正しく理解せず、実践もしていなかったことによります。突き詰めて言えば、ムスリムがイスラームを知っているとは限らないということなのです。

典型的な例を挙げます。二〇一〇年に、アメリカの雑誌「TIME」の表紙を飾ったアフガニスタンの少女の写真があります。タリバンというイスラーム急進派の組織が、一時、アフガニスタンを支配しました。9・11の後で、テロ事件の首謀者、オサマ・ビン・ラディンを匿ったとして、アメリカなどは、このタリバン政権に戦争を仕掛けて倒しました。しかし、その後、ふたたびタリバンはじわじわと勢力を拡大してきたのです。少女は、タリバンの裁判官によって鼻と耳を削《そ》ぎ落とされるという残虐な刑を執行されたと言われています。もし、それが事実なら、判決を下したタリバンの裁判官は、イスラームを知らないことになります。理由は明快で、イスラームには、鼻や耳を削ぎ落とすなどという刑罰はないからです。

イスラーム法で身体に科す刑罰が決まっているのは、棄教、姦通、姦通の偽証、窃盗、強盗、飲酒だけです。これに対する罰は、コーランやハディースに定められているため、後代になっても量刑を変えることができません。

棄教罪と姦通罪が石打による死刑（ただし、未婚の場合は鞭《むち》打ち百回と追放）。姦通の偽証が鞭打ち八十回。窃盗罪は、初犯で右手首の切断、再犯では左足首の切断、三回目の犯行で左手首の切断、四回目で右足首の切断となっています。強盗罪は、殺害して財産を奪った場合には、死刑のうえ遺体を磔《はりつけ》、殺しただけの場合には死刑、強奪により財産だけを奪ったときは右手と左足の切断です。飲酒は鞭打ちですが、回数は法学の派により異なります。

うわっ、残酷な……という前に、罪と刑の種類に注目してください。身体に罰を与える刑には、石打による死刑、鞭打ち、手首、足首の切断しかありません。鼻や耳を削ぎ落とせなどという刑罰は、そもそもイスラームには存在しないのです。これをイスラーム法の裁判官が命じたとしたら、とんでもない間違いを犯したことになります。

こういう違法行為が、「イスラームを名乗る」タリバンのような組織によって行われていると、欧米の非難を裏づけてしまいます。鼻や耳を削ぎ落とされるという残忍な刑罰は、どうやら「家」か「部族」どうしの遺恨の果てに少女に科されたようです。そうだとすれば、この裁判官は、イスラーム法を名乗りながら、家や部族の「名誉を汚した」というイスラームとは無関係の罪で裁いたことになります。

これは、イスラーム法に照らして許されない行為です。名誉殺人（家族や部族の名誉を汚したとして行われる殺人）は、しばしば、イスラームの悪弊として欧米諸国の非難の的になりますが、イスラームとは無関係です。この少女に対する残酷で非人道的な行為は、イスラーム法にしたがって裁かれなければなりません。判決を下したのがタリバンの裁判官であるならば、彼は、同害報復によって、同じように鼻と耳を削がれなければなりません。傷害の罪に対する刑は、殺人と同じように、イスラーム法では同害報復となるからです。

しかし、現実には、そういうことになりそうもありません。一族の名誉をめぐってこういう非人道的な攻撃がなされたのだとすると、その「一族」はみな口をつぐんでしまうからです。ムスリム自身の問題の一つが、このようなパターナリズム（家父長制）による伝統という、本来イスラームとは相いれない要素に対して、ひどく曖昧な姿勢をとることです。正しくイスラームすることによって、パターナリズムの因襲を否定できないと、欧米世界からの偏見を正すことはできません。

つまり、問題は、欧米諸国の偏見や先入観と、ムスリム側のでたらめなイスラーム法の運用が重なり合っているところにあるのです。

イスラーム国家を名乗るような国でも、刑罰については、イスラーム法に必ずしも従っていません。野蛮な刑罰など科さないほうがいいだろうとも言えます。しかし、問題はそう簡単ではありません。いまの世界にある国家というものは、どうしたって先進国と呼ばれてきたアメリカやヨーロッパの国々が、人間の生活や社会のあるべきルールを決めてしまいます。そんななかで、姦通（不倫）は死刑だなどと公言したら、非難囂々《ごうごう》になることは目に見えています。欧米諸国も、むかしはキリスト教の倫理が法の内部に深く入り込んでいたので、姦通は罪になりましたが、いまでは、世俗主義による政教分離が進んだため、宗教的な教えにもとづく道徳というのは、刑法のなかには入り込めません。つまり、欧米では「世の中が変わった（進歩した）」ために「法も変わった」ことになります。

前に書きましたように、イスラームでは、「世の中の変化」で「イスラームの掟《おきて》が変わる」ということはありえません。それをしてしまうと、神の言葉であるコーランに背くことになり、ムスリムがイスラームを自己否定することになってしまうからです。

イスラームの原理に忠実に考えるとそうなるのですが、サウジアラビアのように、厳格なイスラームを掲げている国でさえ、実際には、そんなことはできません。国際的に評判を落とすようなことになるなら、イスラーム法の規定にも目をつぶろうということのようです。

しかし、それではイスラームを否定してしまうことになります。

それに、強大な権力をもつ国王一族や大統領一族は、イスラーム法で禁じられている行為をしても、もみ消してしまうことが少なくありません。保身のために、イスラーム法を歪めることで、同時に欧米の評判を落とさなくて済むとなると、こぞって、イスラーム法を破り始めます。ここに、きわめて大きな問題が起きてしまうのです。

国民のあいだには、権力者が「イスラームしない」ことへの批判がかならず出てきます。それを忠告したり、咎《とが》めたりすると、権力者は反撃してきます。おかしいじゃないか、と声を上げたムスリムは、多くの場合、殺害されたり、国外に追放されたりすることになります。結果として、そういう直言居士のあいだに、過激派に身を投じる人びとがでてきます。

実は、オサマ・ビン・ラディンも、もともとは、そういう諫言《かんげん》をサウド王家（サウジアラビアの支配者。サウジアラビアという国名も、サウド家のアラビア王国の意味）に対して行ったために、サウジアラビアの国籍を剝奪されて国から追い出された人物の一人でした。彼も、自分の国の統治者を諫《いさ》めているだけなら、まちがっていたとはいえません。国を追われて、あちこちの破綻国家に入り込み、果ては、サウジアラビアを堕落させたのはアメリカだということになって、罪もない人びとを殺害するテロに関与したことが問題だったのです。

いま、世界のムスリムは、「どっちにするのか?」を問われています。一般の市民も、国王や大統領も、同じ問いに向き合わなくてはなりません。どっちにするのか、というのは、西欧世界がつくりあげてきた世俗主義の国家システムとの妥協をするのか、それとも、本来のイスラームに回帰するのか、ということです。この問題は、後で、二〇一〇年におきた「アラブの春」を考えるときに議論することにします。

第2章 イスラームの世界地図

イラク・カルバラーにあるフサイン廟《びょう》に集うシーア派の人びと（AFP＝時事）

イスラームの誕生の地、アラビア半島

イスラームというと中東の宗教と思われるのがふつうでしょう。たしかに、イスラームが創始されたのは、アラビア半島のメッカ（マッカ）でした。メッカの商人だった預言者ムハンマドが神からの啓示を受けたことがイスラームの始まりです。彼らを敵視した多神教徒と戦ってメディナ（マディーナ）に逃れますが、ついにはメッカもムスリムの地となります。

イスラーム生誕の地はアラビア半島ですから、今日も、アラビア半島の国々では、ムスリムの人口が多数を占めます。アラビア半島の周辺をみると、現在の国名でいうと、イラクやイラン、シリアやレバノン、そしてパレスチナでもムスリムが多いのですが、先に成立していた一神教、つまりユダヤ教やキリスト教の信徒も暮らしていますから、イスラーム一色の地というわけではありません。

イスラームは、預言者ムハンマドの死後（七世紀中頃）、アラビア半島の外に急速に広まっていきます。彼が死んだ後、信徒の共同体が後継者とさだめた四人、アブー・バクル、ウマル、ウスマーン、アリーが正統カリフとして信徒を率いていきます。カリフというのは、預言者（神の使徒）であるムハンマドの代理人としてイスラーム共同体を率いる人物のことです。この四人を「正統」というのは、子どもに世襲したのではなく、信徒たちが、預言者ム

ハンマドの後継者にふさわしいと合議で選んだからです。

ただし、この合議制による後継者選びは、三代目のウスマーンのときに変化していきます。彼は、後にウマイヤ朝をつくるウマイヤ家の一員ですが、同族の人たちを重用したらしく、信徒の一部から反感を買います。彼が殺された後、四代目がアリーですが、この人は後のイスラームの歴史に決定的な意味をもちます。

アリーは、ムハンマドの娘婿ですから、血縁関係にありましたが、まだ合議による選出であったようです。しかしそのアリーも六六一年に殺され、その前後に力をつけていたムアーウィヤという人がウマイヤ朝（六六一―七五〇年）をひらき、現在のシリアの首都ダマスカスを都とします。もはやイスラーム信徒の政治の中心はメッカやメディナではなく、アラビア半島を抜けた北側、東地中海世界のシリアに移ったのです。

彼は、信徒の合議ではなく、力でカリフ位を手にしましたから、彼から後のムスリムの代表は、もはや「正統」カリフとは呼ばれません。しかし、ウマイヤ朝は、ムスリムが信徒の共同体から、行政組織を整えた「国家」に変わる最初の王朝となりました。

ウマイヤ朝ができるときに、イスラーム信徒たちの後継者争いがあって、最後の正統カリフだったアリーを慕う人たちと、ウマイヤ朝を創始したムアーウィヤは対立していきました。

この遺恨は双方の子の代になって一層激しさを増し、ムアーウィヤの子ヤズィードがウマイヤ朝を受け継ぐと、アリーの子フサインも正統カリフを受け継ぐのは自分だと主張したのです。ウマイヤ朝は、カルバラーの戦い（六八〇年）でフサインを殺害してしまいます。カルバラーというのは現在のイラク中部の町ですが、この戦いで命を落としたフサインの廟《びょう》があります。

アリーを慕っていた人たちからみると、ウマイヤ朝のカリフというのは戦いでその座を奪った人物で、正統なイスラームの継承者ではないということになります。こう考えた人たちが、後のシーア派となります。シーア派では、当然、アリーの次のカリフとしてムアーウィヤを認めません。ですから、彼らはアリーを初代、その長男ハサンを二代目、次男のフサインを三代目の継承者（シーア派ではイマームという）として、独自の信徒共同体をつくっていきます。特に、ウマイヤ朝軍によって殺されたフサインは深く敬愛されていて、いまでも、カルバラーの戦いの日（イスラーム暦の一月十日）はアーシュラーといい、シーア派の重要な宗教祭日となっています。それも、殉教したフサインの苦しみを偲《しの》んで、男たちは体に鉄の鎖をぶつけたり、手で自分の胸を激しく打ちつけたりしながら行進します。

カルバラーも、アリーの廟があるナジャフも今日のイラクにあります。いま、シーア派の国というと、イランが有名ですが、初期のころの中心はもっと西のイラク側だったのです。イラクでは、いまでも人口のおよそ六割がシーア派です。二〇〇三年のイラク戦争で、アメリカとその同盟軍が、それまでイラクを支配していた独裁者サッダーム・フセイン大統領の政権を倒しました。その後、民主的な選挙をすると、当然のことながら多数を占めるシーア派が勝利します。それまで政権に近く、その分、利権を手にしていたスンナ派は面白いはずがありません。そこで、カルバラーなどでさかんにテロを起こしてシーア派を攻撃しています。

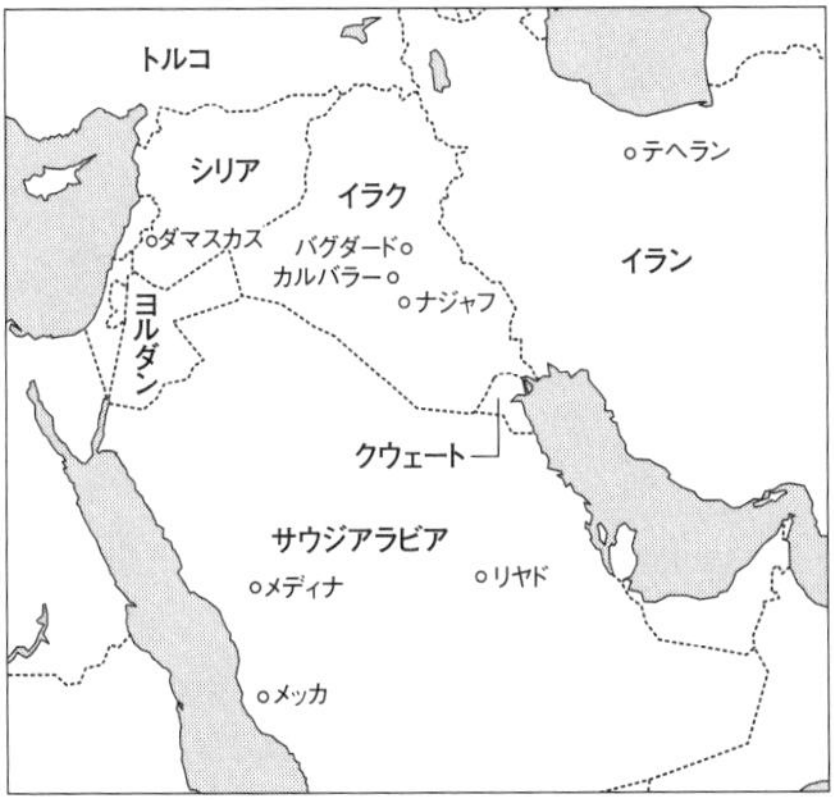

図1　西アジア

　ここまでのイスラーム初期の歴史をみただけで、イスラームがアラビア半島から、北（シリアのある東地中海地域）と東（イラクからイラン）に広がっていったことがわかります。ビザンツ帝国（東ローマ帝国）の領土だったシリアとササン朝ペルシャの領土をイスラーム化したのです。ビザンツはキリスト教の帝国、ササン朝はゾロアスター教の帝国ですから、二つの異なる宗教文明の地に、イスラームが食い込んだことになります。

アフリカへ

この後、イスラームは一気に拡大していきます。七世紀にはすでに、エジプトから北アフリカにかけて広がっています。ウマイヤ朝の次のアッバース朝（七四九―一二五八年）は、首都をバグダードに定めてイスラーム文明を開花させます。エジプトは、いつまでもアッバース朝の支配を受けず、十世紀になるとシーア派のファーティマ朝、十二世紀なかばにはヨーロッパの十字軍と戦って名をはせたサラーフ・アッディーン（サラディン）がアイユーブ朝を建てます。彼は、アラブ人ではなくクルド人のスンナ派です。

その後、アッバース朝が倒れるのとほぼ同時に、エジプトには、奴隷軍人（マムルーク）によるマムルーク朝（一二五〇―一五一七年）が誕生します。ずいぶん長く続いた王朝ですが、この時期にはエジプトがスンナ派イスラーム世界の西の中心になっていきます。

話を戻しましょう。最初のイスラーム王朝となったウマイヤ朝は、スペインからピレネー山脈を越えて今のフランスにまで侵入します。有名なトゥール・ポアティエの戦い（七三二

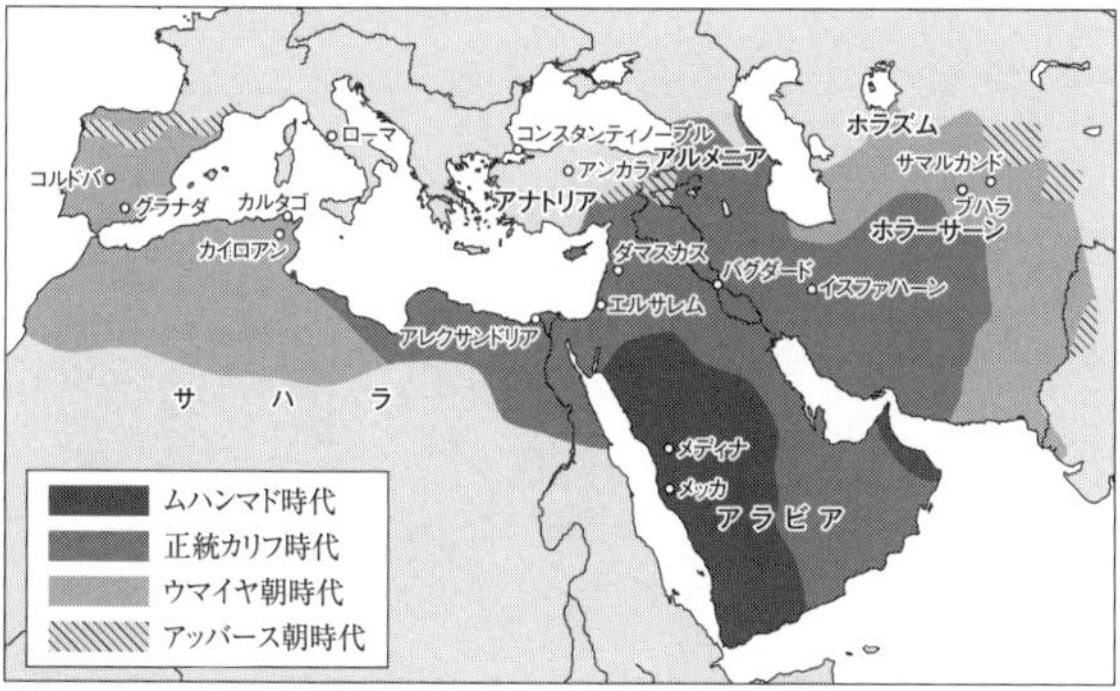

図2　イスラームの拡大

年）では、フランク王国のカール・マルテルがイスラーム軍を食い止めます。やっとのことで、ヨーロッパの中部から北はイスラームの征服をまぬがれたのですが、ムハンマドの死後からちょうど一世紀後には、もうヨーロッパにまでイスラームは広がっていたことになります。

ここで注目したいのは、初期のイスラームの拡大を担ったのがアラブ人たちだったことです。アラブというのはアラビア語を話す人たちのこととお考えください。北アフリカではベルベルという独自の民族がいますが、アラブ人たちは彼らを支配したり、協力をとりつけたりしながら、アフリカ大陸の西のモロッコまで行って、そこから北上してスペインを攻略したのです。

アフリカへのイスラームの広がりは、サハラ（サハラとは荒地の意味なので、サハラ沙漠というと同様のことばを重ねることになります）の北と南とでは時期がかなりずれています。北アフリカでは、エジプト、リビアから、チュニジア、モロッコなどのマグリブ（日の沈むところという意味。マグレブともいう）地域まで、七～八世紀にかけてイスラームは到達し、浸透していきます。チュニジアのカイロアン（ケルアン）は、北アフリカにおけるイスラームの中心として、七世紀から栄えてきました。しかし、サハラ以南のアフリカになると、十世紀ごろにはイスラームが入ってきてはいるものの、その過程が北アフリカとは異なります。

北アフリカでは、アラブ人による征服というかたちで、行政機構を整えつつ、たとえばアッバース朝の一つの州のようなかたちになっていきます。したがって、統治のためのイスラーム法学者が必要ですから、きっちりイスラームを学んだ人たちが最初から根付いていきます。

しかし、サハラより南になると、こういうケースが減っていくのです。この地域でイスラーム化が進展したのは、アフリカ東海岸です。ただし、エチオピアは古代からのキリスト教地域です。スーダンやタンザニア、ケニアなどの国では、インド洋、アラビア海をわたって、イスラーム生誕の地、アラビア半島からアラブ系のムスリム商人が到来していました。接触が頻繁にあったことも手伝って、ムスリムの数は増えていきました。しかし、北アフリカのように、アラブ人による征服と統治機構の整備は行われませんでした。今日、スワヒリの文化と呼ばれるのは、生活のルールとしてはイスラームを使いながら、その地域の民族固有の文化と混淆《こんこう》させていったものです。

西アフリカの地域をみていくと、モーリタニアあたりまではアフリカ北西部に起きたムラービト朝（一〇五六―一一四七年）が権勢をふるっていたので、その影響を受けていましたが、セネガルやマリになると、交易や領主のメッカ巡礼をきっかけに、イスラームを広める動きもあって、イスラームが浸透するプロセスもさまざまです。

エネルギーに満ちた分裂と拡大

東にはバグダードを都とするアッバース朝、西にはコルドバを都とする後ウマイヤ朝（七五六―一〇三一年）ができたことで、イスラーム世界には決定的な転機が訪れます。イスラーム信徒共同体が、国家を単位として初めて分裂してしまったのです。その後、あちこちにイスラーム王朝ができていきます。イスラームには、信徒共同体は本来、一つであるべきだという教えがあったにもかかわらず、現実の政治は、それを実現できないまま今日に至ったということに注目しなければなりません。なぜなら、イスラーム世界の分裂こそ、十九世紀から二十世紀にかけて、イスラームを名乗る諸国の衰退をまねく原因となったからです。多くがヨーロッパ列強によって植民地として支配され、その後遺症は、現在にまで及んでいるのですが、そのことについては後に考えることにしましょう。

アラビア半島からみて北のビザンツ帝国領はどうなったのでしょう。ビザンツの首都はコンスタンティノープル。いまのイスタンブールですが、ここがイスラームのオスマン帝国によって陥落するまでには、イスラーム生誕から八百年以上もかかったのです。シリアまでは、七世紀のうちに支配下におさめましたが、それより北から西にかけて、いまのトルコに当たる地域がイスラーム化されるのは、それよりだいぶ遅れます。

中央アジアでの栄華

次に、イスラーム教徒の活動が活発になっていくのが、中央アジアからトルコにかけての地域です。いまのウズベキスタンに、ブハラとサマルカンドという都市があります。このあたりは、八世紀の初めにはアラブ人ムスリムに征服されますが、九〜十世紀には、サーマーン朝という独自のイスラーム王朝ができて、思想や文化の面でイスラームが繁栄します。このあたりでは、トルコ系の民族が活躍し、東のモンゴルと長いあいだ勢力を競います。それまでのアラブ人だけでなく、トルコ人（いまのトルコに住んでいる人ではなく、広くトルコ語系のことばを話す人たち）もイスラームの主要勢力として台頭してきます。預言者ムハンマドの言行録、ハディースはいくつも種類がありますが、なかでも『真正集』を編纂《へんさん》したブハーリー（長く書くとアブー・アブドゥッラー・ムハンマド　イブン　イスマーイール　アル・ブハーリー）も名前のとおりブハラ生まれの大イスラーム学者です。

もう一人、ホラズムという地方からは、大数学者のアル・フワーリズミーが九世紀に現れます。このホラズムというのは、アムダリヤという川がアフガニスタンの方から北西に向かって流れアラル海にそそぐ途中の地域です。いまの都市でいうとヒヴァとウルゲンチあたりで、ウズベキスタン領内ですが、トゥルクメニスタンと接しています。私たちには、なかなか馴染《なじみ》のない地域です。フワーリズミーの正しい名前は、アブ

図3　中央アジア

ー・アブドゥッラー・ムハンマド　イブン　ムーサー　アル・フワーリズミーで、最後の「フワーリズミー」がホラズム出身の人という意味のアラビア語です。

なぜこの人のことを挙げたかというと、彼の名前は私たちの身近なところに残っているからです。フワーリズミーはアッバース朝のカリフに仕え数学や天文学を研究していました。当時のバグダードには、アッバース朝によってつくられた「知恵の館（バイト・アル・ヒクマ）」という一大図書館・研究施設がありました。西のビザンツやシリアからは、異端の烙《らく》印《いん》を押されてしまったキリスト教徒が流れてきましたが、アッバース朝のカリフは、こういう人たちも庇《ひ》護《ご》し、ギリシャの古典をアラビア語に翻訳させたり、独自の研究をさせていました。膨大なギリシャの古典哲学や科学が、この時期にイスラーム世界にもたらされたのです。フワーリズミーは『ヒサーブ　アル・ジャブル　ワ　アル・ムカーバラ』という本を書いているのですが、「アル・ジャブル」というのは、代数を表す英語のアルジェブラ（algebra）の語源です。この書名、日本語にすると「移項と同類項の簡約についての計算法」ということになります。まさに代数学の書です。さらに、彼自身の名前のアル・フワーリズミー（al-khwarizmi）ですが、こちらはアルゴリズム（algorithm）の語源になっています。「アル」はアラビア語の冠詞ですが、それごと読んでみるとわかります。この本は、三百年ほど後、十二世紀になって、ようやくヨーロッパに紹介されます。今日、私たちが科学と呼んでいるものの基礎には、イスラーム圏の学者たちの功績が実は数多く含まれているのです。

ウズベキスタンのサマルカンドには、いまでも美しいタイルで飾られたマドラサ（イスラームの学校）が残っています。ソ連から独立して間もなく訪れたことがありますが、さまざまな宗教を抑圧してきた共産主義政権のもとでも人びとが信仰を捨てていなかったことがわかりました。このサマルカンドを中心に活躍したのがティムール朝（一三七〇―一五〇七年）です。ティムール朝は西ではオスマン帝国と対峙《たいじ》するほど強大な力を誇りました。トルコ系とモンゴル系の両方の文化がまじりあっていて、必ずしもイスラーム一色の国家ではありませんでした。しかし、ナクシュバンディーというイスラームの教団はティムール朝によって保護されていたため、この中央アジアを出発点に、後に世界に拡大していくことになります。

教団と書きましたが、これはもともとスンナ派なのですが、スーフィーと呼ばれる、内面の信仰を重視する人びとが結成した組織です。イスラームが広がっていく際には、このスーフィーが大きな役割を担ってきました。彼らは、イスラームがもつ法の体系だけではなく、内面的な信仰を重視する集団ですが、一種の修行のようなことをする人びともいて、ふつうのスンナ派からは、しばしば批判を受けてきました。

ティムール（ティムール朝の創始者）が支配した領域のなかには、ホラーサーンの地が含まれます。ホラーサーンというのは、イスラームにとって重要な意味を持つ地域です。かなり広い範囲を示す地域呼称ですが、現在のイランのマシュハドからアフガニスタンのバーミヤンも入ります。現在の国でいうと、イラン、アフガニスタン、トゥルクメニスタン、タジキスタン、ウズベキスタンも入ります。ここにイスラームが入ったのは七世紀半ば、ウマイヤ朝の支配下にはいったときです。その後、いくつもの王朝ができては滅んでいくのですが、この地域にはペルシャ語による文学が繁栄します。ペルシャ語というのは、イランのことをペルシャというので、イラン人の言葉のようですが、イランだけでなく、かなり広い範囲で使われています。ホラーサーンでは、必ずしもイラン系の人たちだけでなく、他の民族の人もペルシャ語でいろいろな作品を残しているのです。この地域の特徴は、シーア派も含めてイラン系の文化とトルコ系の文化がまじりあって成長していった点にあります。

ハディースのなかに、「ホラーサーンの方角から黒い旗が現れるのを見れば、その許《もと》に赴け。そこにはアッラーのカリフがいる」という一文があります。どういう文脈で、そういうことばをムハンマドが述べたのかはいろいろな説があるようですが、今日のアフガニスタン情勢を考えると、気になることばです。イスラームを最初に生み出したアラブの世界ではなく、ホラーサーンに次のイスラーム世界を統率するリーダーがいることを示唆しているからです。たいへん長い歴史のなかで、異教徒による侵略を受け続けてきたアフガニスタンでは、いまイスラーム勢力のタリバンが再び台頭しています。彼らがアメリカを中心とする軍隊の駐留に徹底抗戦を続ける原動力には、このハディースのことばがあるのかもしれません。

ヨーロッパの隣人となったイスラーム世界

もう一つのトルコ系民族ですが、中央アジアを中心にイスラーム化が進むのは十世紀ごろからです。スンナ派のトルコ系民族が建てたセルジューク朝（一〇三八―一一九四年）は、最盛期にはいまのイラン、イラク、トゥルクメニスタン、シリア、アゼルバイジャン、トルコ、アフガニスタンにまで広がる広大な帝国でした。この王朝も、先のホラーサーンを支配の中心に据えています。

ホラーサーンを拠点とするセルジューク朝は東からきた西遼《せいりょう》という勢力との戦いで衰退しますが、アナトリア半島（いまのトルコ領）に、その分派がルーム・セルジューク朝（一〇七五―一三〇八年）を建てます。これもトルコ系ムスリムの王朝でした。イスラーム生誕の地、メッカからみると北へ延びる勢力圏が、やっと、アナトリア半島に達したわけです。ルーム・セルジューク朝の「ルーム」というのはギリシャのキリスト教徒を指すことばです。いまでこそ、アナトリア半島はアジア系のトルコ人が多数を占めていますが、十一世紀ごろには、そこはまだキリスト教勢力圏の東の端だったのです。

十三世紀の末になると、今度はオスマン帝国（一二九九―一九二二年）が誕生します。オスマン朝というのは、トルコ系のイスラーム王朝です。最初は、アナトリア半島に割拠していた地方政権の一つでしたが、しだいに勢力を拡大し、ビザンツ帝国を追い詰めていくことになりました。その後、中央アジアから来たティムールとアンカラで戦って（一四〇二年）敗れたのですが、ティムールの支配は続かず、一四五三年にコンスタンティノープルを落としてイスタンブールと改名し、そこを首都と定めます。さらに、一五一七年にはエジプトにあったイスラーム王朝のマムルーク朝を征服し、これでシリアから南のアラビア半島、とくにイスラーム生誕の地、メッカとメディナを手にします。オスマン帝国は、名実ともにイスラーム世界に君臨する大帝国となったのです。

ヨーロッパとアジアをつなぐイスタンブールを首都としたことで、イスラーム世界は、南の北アフリカ・ルートとは別に、北の東ヨーロッパ・ルートからヨーロッパに迫っていくことになります。オスマン帝国は、ギリシャ、マケドニア、ブルガリアからボスニア・ヘルツエゴヴィナあたりまで勢力を拡大していきます。ウィーンも、一五二九年と一六八三年の二度にわたってオスマン軍に包囲されました。ウィーンを落とすことはできませんでしたが、八世紀のトゥール・ポアティエの戦い以来、八百年以上もたって、今度は東からイスラーム勢力が押し寄せてきたのです。この大帝国滅亡については、後で、トルコの再イスラーム化をみるときに触れましょう。

図4　南アジア

南アジアへ

アジア大陸側では、インドへの拡大も大きなものでした。アラビア半島からインド洋をわたってムスリムの商人たちが交易をしていましたが、インドの一部がイスラーム王朝の支配下にはいるのは十世紀後半以降のことです。ガズナ朝やゴール朝という王朝ですが、これらの本拠地はいずれもアフガニスタンでした。地図を見ないとピンとこないのですがアフガニスタンとインドは近いのです。二十世紀の後半になって、パキスタンやバングラデシュがインドから分離するまで、この地域は大きくインドと呼ばれていました。アフガニスタンとパキスタンは、いまでも長い距離で国境を接していますし、アフガニスタン側のパシュトゥン人はパキスタンにも暮らしています。

インド独自のイスラーム王朝というとムガル朝（一五二六―一八五八年）が知られていますが、この王朝も「インド人」が建てたものではなく、中央アジアのトルコ系だったティムール朝の末裔《まつえい》によって北インドに成立しました。十七世紀には東インド会社との取引で北インドは繁栄します。五代目の皇帝、シャー・ジャハーンが愛妃ムムターズ・マハルのために建てたタージ・マハルもインド北部のアーグラーにあります。首都デリーの建設にも成功し、彼の時代に首都をアーグラーからデリーに移しています。

さらに東南アジアをみていくと、マレーシアやインドネシアがムスリム人口の多い国として知られていますが、イスラームがこれらの地域に浸透するのは、これまでみてきた地域にくらべると、だいぶ後のことです。マレーシアでは、およそ十五世紀頃、インドネシアでは十三世紀以降とされています。アラビアとの交易でムスリム商人たちがイスラームと接触してきた歴史は長いのですが、これらの地域にイスラームが浸透するには、スーフィーたちの教団の活動も大きく貢献したようです。

アラビア半島から出て行ってイスラーム圏を拡大させた七世紀ごろのアラブ人。十世紀ごろから、中央アジア、ホラーサーンの地を中心に、トルコ系、イラン系民族のあいだに、法学、制度、文学にいたるまで強烈なエネルギーをもってイスラームを発信させていった人たち。彼らのエネルギーというものは、イスラームのすべてを広めていくだけの力と発信力を持っていたように思います。こういうイスラームの拡大そのものに対するエネルギーは、どうしても、周縁の地域までとどきません。東南アジアにイスラームが浸透していくころには、一神教としてのイスラームへの強烈な覚醒というよりも、生活や生業を通じて、ゆっくりと民衆の間に広まっていくようになっていきました。

国で区切ることの意味を問い直す

ここで、イスラーム世界を地図から描いてみましょう。まずは、ムスリムがどこに住んでいるかを表す地図です（図5・6、六四―六七ページ）。世界のムスリム人口を地域ごとに分けてみると、アジアが圧倒的に多いのです。ここでいうアジアは中東を含みません。イスラームが誕生したころと違って、イスラーム世界の人口の重心は南アジアから東南アジアに移っています。次の表を見てください（表1）。

なかでも、インドネシアには全ムスリムの一三％にあたる二億人のムスリムがいます。以下、多い順にみていくと、パキスタン、一一％で一億七四〇〇万、インド、一〇％で一億六〇〇〇万、バングラデシュ、九・三％で一億四五〇〇万、その後にようやく中東のエジプトが全ムスリム人口の五％で七八五〇万、ナイジェリアもほぼ同規模、そしてイラン、四・七％で七四〇〇万、トルコもおなじぐらいと続きます。

ムスリムの人口が多い南アジアと東南アジアで、まずインドという国に注目してみましょう。OIC（イスラーム協力機構＝Organisation of Islamic Cooperation）という組織があります。イスラーム圏の国連のような機関です。少し前まで、イスラーム諸国会議機構といっていましたが、現在はこの名前に変わっています。現在、五七か国（地域）が正式加盟、五か国（地域）がオブザーバーとなっています。一億六〇〇〇万ものムスリムがいるにもかかわらず、インドは参加していません。

パキスタンが阻止しているからです。パキスタンとインドは、カシミール地方の領有権をめぐって激しく対立してきました。いまでも、お互いの信頼醸成はなかなか難しい状況です。インドは一九七四年に核保有を宣言、パキスタンも一九九八年に核保有を宣言。南アジアの地で核兵器まで開発して軍備拡張を競ってきました。もちろん、両国が全面戦争になったら、双方に甚大な被害が出ることは間違いありません。核をもったことで、逆に、全面戦争はできなくなっていることも事実ですが、平和共存には程遠い状況です。二〇〇八年には、インドのムンバイで高級ホテルなどが襲撃される大規模なテロ事件が発生しました。犠牲者は一七〇人以上に達しています。当然のことながら、インド政府はパキスタンから侵入したテロ組織の仕業だとして激しく非難しました。過去にこういうことが積み重なっているため、イスラーム圏の国際組織であるOICに加盟しているパキスタンはインドを排除してきたのです。

表1　ムスリム人口の地域分布	
アジア（南・東南・中央アジア）	61.9%
中東（西アジア・北アフリカ）	20.1%
サハラ以南のアフリカ	15.3%
ヨーロッパ	2.4%
アメリカ（南北）	0.3%

ムスリムは、国境線で仕切られた領域のなかに生きているわけではありません。国境をまたいで、隣の国にも暮らしていることなど、いくらでもあります。どこにいても、ムスリムとしての絆《きずな》があり、それはしばしば民族や帰属する国の国民としての絆よりも強くなります。パキスタンのムスリムは、OICのメンバーとして、世界のムスリムにさまざまな発信ができますが、インドのムスリムには、その手立てがありません。国家の壁というものが、国家を超えて生きるムスリムの邪魔をしている

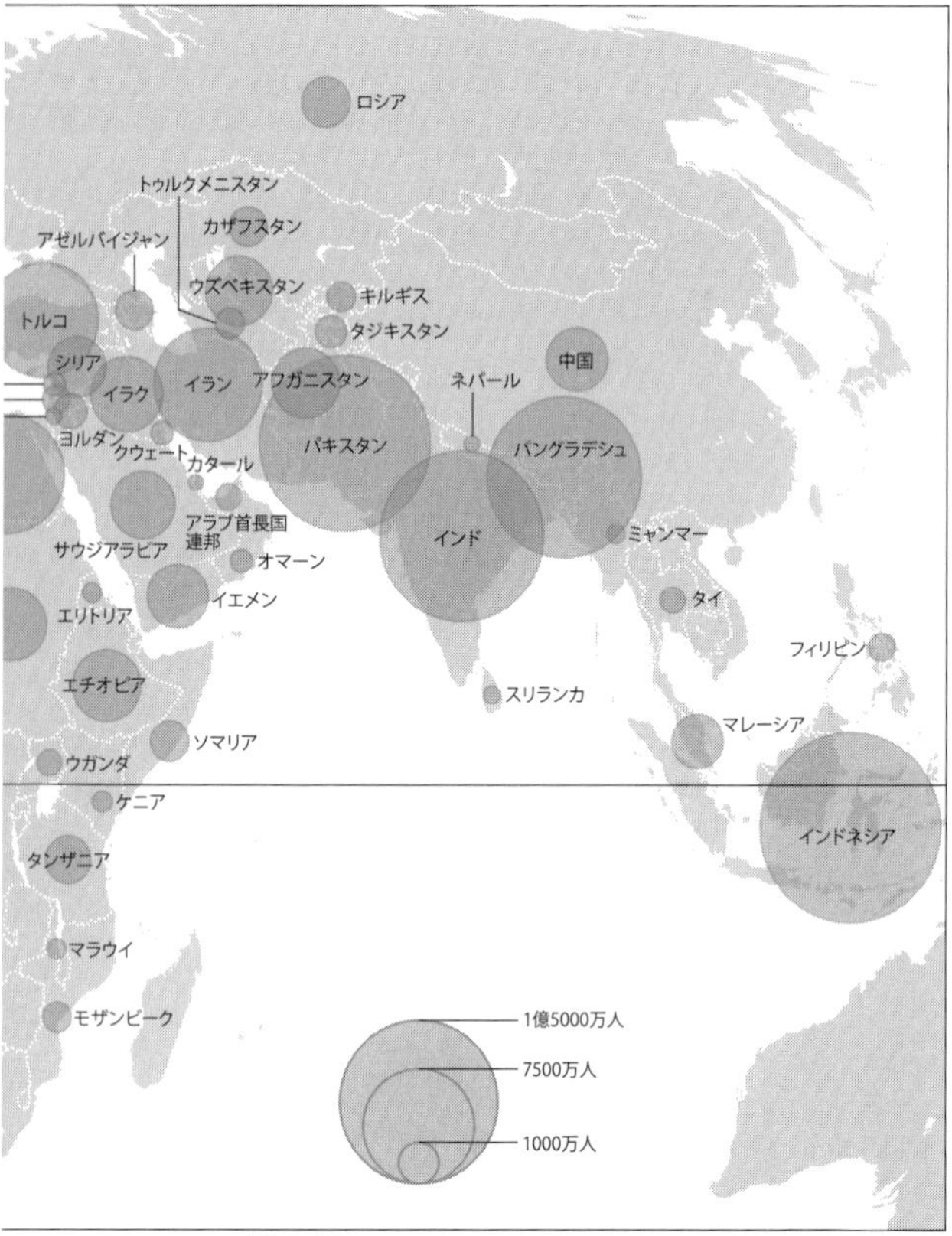

図5・図6　Pew Research Center's Forum on Religion & Life. *Mapping the Global Muslim Population*, 2009 をもとに作成

図5　世界のムスリム人口100万人以上の国

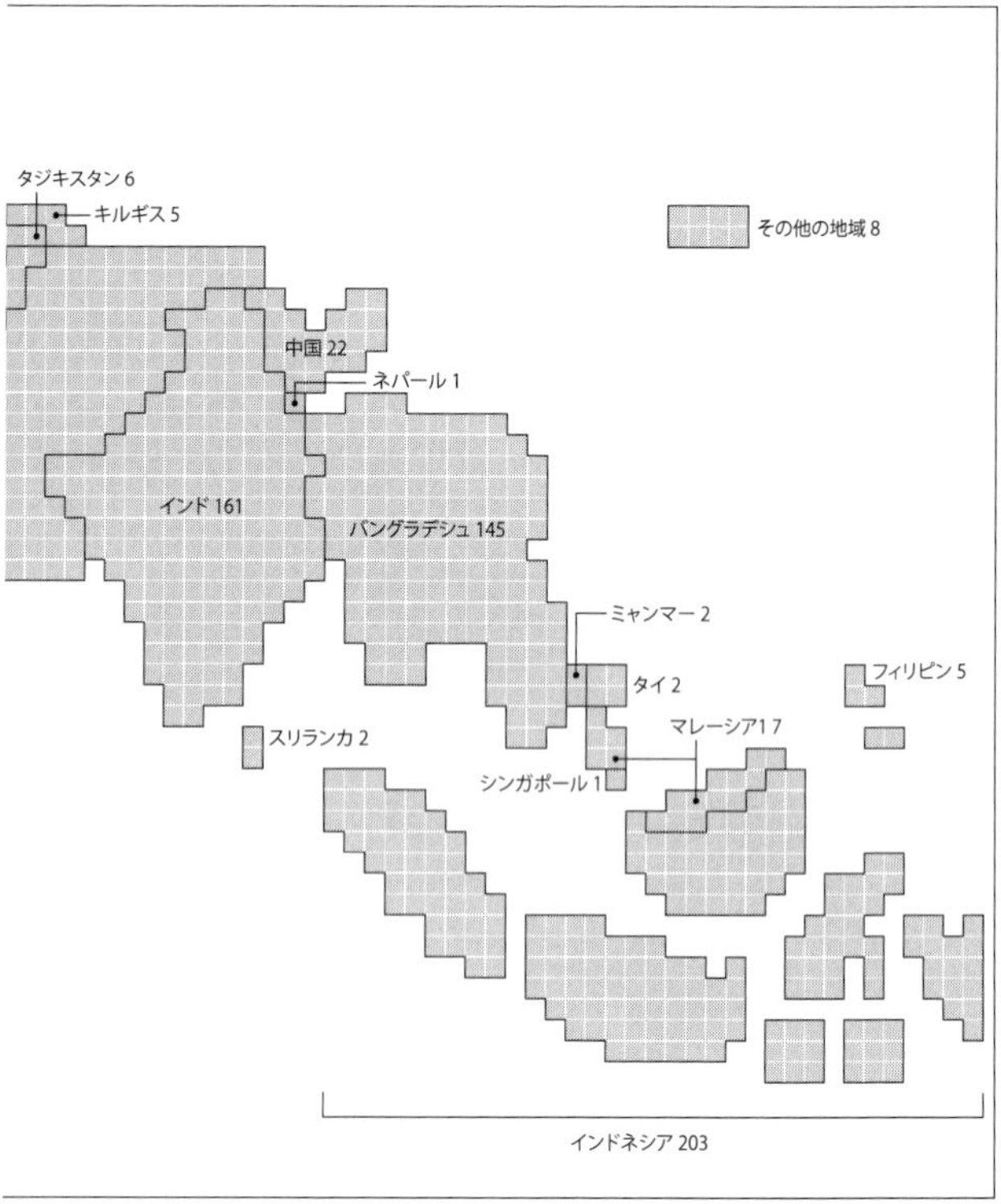
タジキスタン 6
キルギス 5
その他の地域 8
中国 22
ネパール 1
インド 161
バングラデシュ 145
ミャンマー 2
タイ 2
フィリピン 5
マレーシア 17
スリランカ 2
シンガポール 1
インドネシア 203

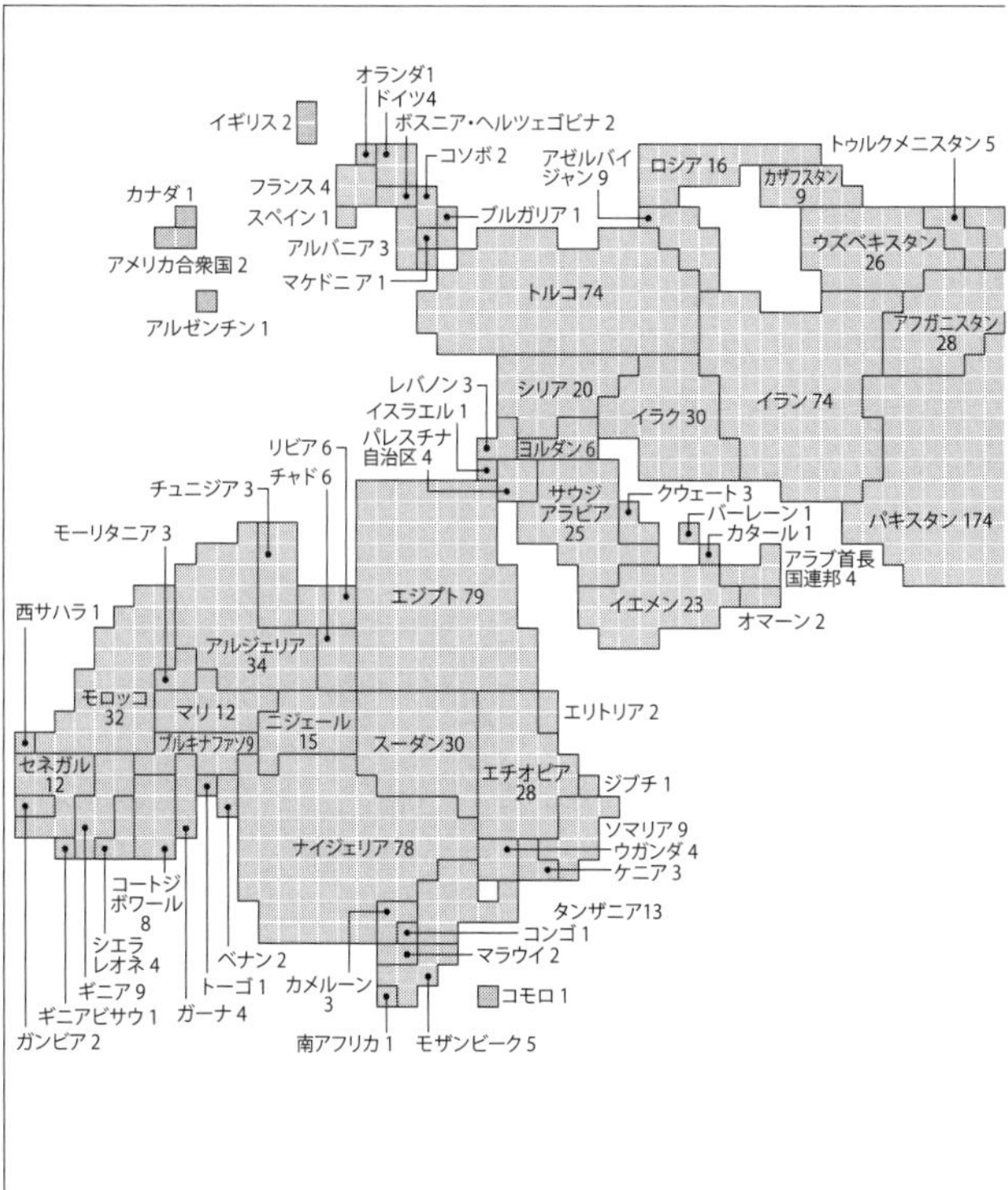

図6　各国のムスリム人口に応じて変形させた世界地図（1マスはおよそ100万人）

ケースです。

ところが、逆のケースもあるのです。フィリピンです。この国の南部、ミンダナオ一帯には、モロ・イスラーム解放戦線という組織があります。この組織は、一九七〇年代後半に、モロ民族解放戦線の分派が立ち上げたものです。モロ民族解放戦線のほうは、一九九六年に政府と停戦合意をしますが、それに不満をもつ兵士などがイスラーム解放戦線に合流し、勢力を伸ばしています。

アラビア半島との船による交易で、イスラームは十四世紀にはフィリピンに到達していました。その後、十六世紀にはスペインが宣教師を連れて植民地化を図りました。十九世紀の末には、アメリカとスペインのあいだに戦争が起きて、アメリカが勝利するのですが、結果としてフィリピンの領有権はアメリカに移っただけでした。スペイン統治時代には、南のムスリム地域を支配するために戦いになりましたが、ミンダナオなどを落とすことはできませんでした。このような歴史的背景をもっているフィリピンで、OICに加盟したのは、フィリピンという国家ではなく、モロ民族解放戦線の方でした。そのため、彼らがフィリピン政府のOIC加盟をブロックしてしまったのです。このケースは、国全体としてはマイノリティであるムスリムが、代表としてOICに座を占めているわけで、国家よりもムスリム共同

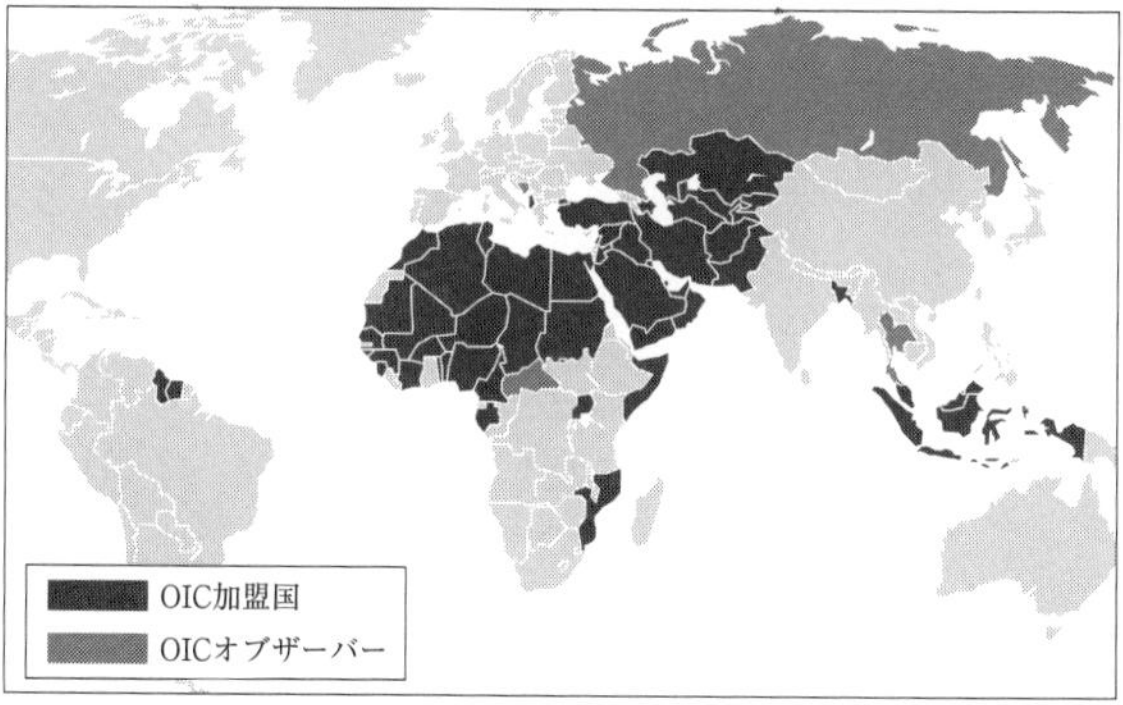

図7　OIC加盟国・オブザーバー

体が重視されていることがわかります。

同様に、パレスチナも国家として認められる以前に、ＯＩＣでは、設立当初（一九六九年）から代表権を認められていました。さらに、地図にはない国もオブザーバー資格をもっています。北キプロス・トルコ共和国です。日本ではあまり知られていませんが、地中海の東よりにあるキプロス島は、現在もなお、南北に分断されています。南はギリシャ系住民の地域で、こちらが国際社会の認めるキプロス共和国です。北は、トルコ系住民の住んでいる地域ですが、一九六〇年代から七〇年代前半にかけて、南北間で激しい衝突が起きていたため、ついに一九七四年にトルコ軍が介入して、強引に南北を分断しました。国連では、北部地域はトルコ軍によって「違法に占領された」地域ということになっているのですが、イスラームの国際組織である

ＯＩＣは、この北キプロスにオブザーバー資格を与えています。

ムスリムの数や、国全体の人口に占める比率をもとに、世界におけるムスリムの分布図を描くことはできます。しかし、今説明したように、ＯＩＣ加盟国、というステイタスでイスラームの世界地図を描こうとすると奇妙なことが起きてしまいます。ムスリムがかなり高い比率で住んでいるのに、加盟していない国には、インド以外にエチオピアやタンザニアなどがあります。比率は低くても、参加している国には、タイ（オブザーバー）やスリナムなどがあります。タイは仏教国として知られていますが、南部にはムスリムが集中しています。

スリナムにいたっては、どこにあるかをすぐに言い当てることは難しいかもしれません。南アメリカ大陸の北東部です。なぜ、こんなところにムスリムがいるのでしょう？　ここは、かつてオランダの植民地だったのですが、その際に、東インド会社を通じて、ジャワやインドから奴隷や労働者として連れてこられた人びとのなかにムスリムが含まれていたのです。

国境線で区切られた地図からは見えないこと

次に、世界最大のムスリム人口をもつと言われるインドネシアを見てみましょう。キリスト教徒やヒンドゥー教徒もいますので、「イスラーム国家」を名乗ってはいませんが、『日本大百科全書』によると、人口の八七％をムスリムが占めています。統治にも、イスラーム法を適用するわけではないので、世俗主義の国家ということになります。ムスリムの人口が多いからといって、「イスラーム国家」と言ってはいけない国の一つです。「イスラーム国家」という場合には、国の制度や法体系が、イスラームに従っていることが必要です。そうでない場合は、「ムスリムが多数を占める国」と言うことはできても、「イスラーム国家」とか、「イスラームの国」というような表現を使うべきではありません。

イスラームに絡んで、国全体を巻き込むような大きな問題は長いこと起きなかったインドネシアですが、二〇〇〇年代に入ると、テロが頻繁に起きるようになりました。二〇〇二年にはヒンドゥー教徒の多いバリ島で二〇〇人にのぼる犠牲者を出す大規模なテロが起きて、政府はジェマア・イスラミーヤというイスラーム組織のメンバーの犯行と断定しました。二〇〇三年には首都ジャカルタの高級ホテルが、〇四年にはオーストラリア大使館が爆弾テロにあいます。そして〇五年には、ふたたびバリ島で爆弾テロが発生しています。これらは、イラク戦争に対して憤ったイスラーム急進派によるものと言われましたが、なぜ彼らがインドネシアのなかでテロという凶行に走ったのか、真相はよくわかっていません。

アジアのイスラーム圏について、とくに誤解しやすいのは、中東のイスラームと違ってアジアのイスラームは「ソフト」だという説です。東南アジアのイスラームは中東やアラブのイスラームとはちがって暴力的ではないとよく言われます。しかし、イスラームそのものは、本質的に、どこでもいっしょです。アジアのイスラームがソフトに見えるというのは、単に、マレーシアやインドネシアの人たちが、私たちと接するときに優しそうに見える（私たちが勝手にそう思い込んでいる）ということにすぎません。そして、マレーシアもインドネシアも、多文化、多民族の国ですから、イスラーム一色で統治することなどできません。国家がイスラーム法の施行をしないために、たとえば飲酒を禁じる法律がないのです。

世界で過激なイスラーム主義者がテロを繰り返すようになってから、マレーシアでも、インドネシアでも、そういう人たちから距離を置くムスリムは、自分たちの「ソフトさ」をアピールするようになりました。しかし、すでに書いた通り、これらの国々でもテロは起きましたし、世界のムスリムが置かれている現状に対して批判的なムスリムはいくらでもいます。彼らは、さかんにアラブ圏の大学に留学し、アラビア語でイスラーム法の体系を学んでいます。イスラームを深く学べば学ぶほど、今日のイスラーム世界が欧米諸国によって抑圧され、支配されてきたことの意味を問い直すはずです。

ムスリムとして覚醒すればするほど、アジアだから、中東だから、という違いは消えてしまいます。もっとはっきり言うと、国家のアイデンティティも、どうでもよいものになっていきます。ほんとうに正しくイスラームしようとするムスリムになると、「お国はどちらですか?」と尋ねた時に、「自分には国など関係ない。ただのムスリムである」という返事が返ってくることさえあります。

もともと、イスラームの教えというのは、一つなのです。イスラームは「1」という数字をことのほか大切にします。タウヒード(一つになる)ということを大変重視します。神の唯一性、コーランが一通りしか存在しないこと、信徒はムスリムとして一つの共同体をなすと考えることなど、唯一性はイスラームの根幹をなしているのです。

国境での分断をものともしないタリバン

国境線で領域を区切った地図からは読み取ることができない現象をもう一つ挙げておきましょう。焦点は、パキスタンとアフガニスタンの国境地帯です。ここでは、パシュトゥン人の住民たちが、国境の仕切りというものを全く無視して往来することが注目されます。この往来、アフガニスタンの統治に手を焼くアメリカにとっては「大問題」ですが、当人たちにとっては知ったことではありません。

アフガニスタンでは、いま、再びイスラーム組織タリバンの勢力が力を盛り返して、アメリカやイギリスなどアフガニスタンに駐留する欧米の軍隊に激しい攻撃を加えています。近年、勢力を盛り返しているタリバンには、隣国、パキスタンから侵入している武装勢力がいました。アメリカをはじめ、アフガニスタンに駐留しているISAF軍（国際治安支援部隊）は、国境管理のできないパキスタンを非難し続けています。

たしかに、隣国からのイスラーム武装集団の干渉は、アフガニスタンの平和と復興に大きな障害ですが、止めることができません。パキスタンは、前のムシャラフ政権が欧米からの民主化圧力を受けて退陣したあと、ザルダリ大統領の政権になりましたが、彼は権力基盤が弱く、複雑な地縁・血縁で結びついている親分衆の権力が絡み合っている地方勢力をコントロールすることができません。

アフガニスタンとの国境地域（FATA）は、複雑な勢力関係にある地域です。この地域には、アフガニスタンでもっとも多いパシュトゥン人が住んでいますので、彼らは、もともとお互いに行き来していました。違う国だという意識もありません。十九世紀に、パキスタン側とアフガニスタン側の両方を支配しようとしたイギリスは、この地域のパシュトゥン人の抵抗に散々悩まされます。その結果、パシュトゥン人地域を、国境線という近代の発明によって、二つに分割してしまったのです。そのうち、パキスタン領内の地域をＦＡＴＡ（連邦直轄部族地域）とし、中央政府が直轄するようにみえて、その実、地元の部族長たちの力を残しておかざるをえないという奇妙な地域としたのです。

長い山岳地帯の国境を越えて、パキスタン側のタリバンは自由にアフガニスタンに侵入することができますし、アフガニスタン側のタリバンのなかにも、パキスタン側との往来によって武器を調達する人もいます。パキスタン側のタリバンは、アフガニスタンのタリバンとともに、ＮＡＴＯ（北大西洋条約機構）軍を中心とするＩＳＡＦやアメリカがやっている「不朽の自由」作戦の軍隊を襲いつづけています。

図8　パキスタン周辺

しかし、元はといえば、アメリカとその同盟軍がやってきて、地元のルールや伝統を無視して暴力的な軍事作戦を続けたことが事態をここまで悪化させたのです。アフガニスタンの人たちが、厳格なイスラームによる統治を望んでいるかどうかについては、彼らのあいだでも意見が分かれます。しかし、アメリカであろうと、ソ連であろうと、十九世紀のイギリスであろうと、外国の勢力が自分たちの領土にずかずかと土足で入り込んできて狼藉《ろうぜき》をはたらくことだけは、アフガニスタンの人たちは絶対に許しません。同じ民族が暮らす土地を外国人が勝手に線引きして分割することも、同じように許さないのです。

二〇〇二年以降、大統領の座にあるハーミド・カルザイは、パシュトゥン人です。アフガニスタンに新政権をつくろうとしたアメリカは、やはり多数を占めるパシュトゥン人から大統領を出さないことには、おさまりがつかないことだけは理解していました。彼は、二〇一〇年に同志社大学に来て、学生との対話集会をしましたが、反政府勢力タリバンのことを悪く言いませんでした。アメリカの後押しで誕生したカルザイ大統領でさえ、欧米が自分たちの価値観を押し付け、押し付けるために軍隊で国民を脅すようなことをしても国に平和は来ないし、国の再建もできないことを承知していました。

一人の学生が、「一向に平和にならないのは宗教が原因か？」と尋ねたのに対して、カルザイ大統領は、「宗教のせいではない。（国境で仕切られた）国民国家のモデルを押し付けられてきたためだ」と答えました。近代国家というものは、国境線で仕切られた「領土」と「国民」をもつことになっています。しかし、古くから、人びとが自由に往来し、交易をしてきた地域に、近代国家のモデルを押し付けて「国境線」で人間を分断することなど不可能であることをカルザイ大統領は、よくわかっていたのです。

ソ連崩壊によって地図に登場したイスラーム地域

北にあがって、中国のお隣、キルギスから、ウズベキスタン、カザフスタン、タジキスタン、トゥルクメニスタン（図3、五三ページ）。シルクロード沿いの地域として知られていますが、ムスリム人口の多い国々です。名前の最後に「スタン」がついていますが、この地域のことばで「〜の地（国）」の意味です。タジキスタンのタジク人はペルシャ語系のことばを話しますが、他の国はトルコ語系のことばです。ただ、文字はソ連時代の名残で、ロシア語を表記するときのキリル文字をそのまま使います。これらの国々は、以前はソビエト社会主義共和国連邦の一員でした。一応、「ウズベク・ソビエト社会主義共和国」のように共和国の名前がついていましたが、宗教に否定的な共産主義政権の下にあったため、イスラームが表にでることはありませんでした。

私は、トルコ語を話しますが、キリル文字を読めないので、中央アジアを旅行するときは苦労します。以前、面白い発見をしました。ロシア語の達人である同僚といっしょにカザフスタンやキルギスに調査に行ったとき、キリル文字で書かれたカザフ語やキルギス語の看板を同僚に発音してもらいました。同僚はロシア語を読めますが、全く異なるトルコ語系のことばを解しません。ただ、キリル文字で書かれていることを音だけ声に出して読んでもらったのです。そうすると、私には意味がわかります。文字だけでは私には皆目見当もつきません。不思議な道中でしたが、中央アジアを旅するときは、ロシア語のできる人とトルコ語系の言葉ができる人がいっしょにいると実に便利です。

キルギスの大学を訪ねたときのこと。学長さんと会ったとき、同僚はロシア語で話をしていました。今でも、ロシア語は公用語ですし、高等教育機関ではむしろロシア語が重視されます。同僚の先生は、私のことを紹介してくださり、この人はトルコ語を話しますと付け加えました。そこで、私も二言三言、トルコ語で自己紹介をしました。そうすると、むこうの大学の学長先生は席を外し、どこかに行ってしまいました。しばらくして、トルコ語のできる先生たちをぞろぞろ連れて戻ってきたのですが、学長先生は、さっきとはちがって、フェルトでできたキルギス民族伝統の帽子をかぶって登場です。

私は、ずいぶんトルコ語の達者な先生たちがいることに驚いて、いろいろな話をしました。その大学を後にしたとき、同僚のロシア語の達人が私に言いました。「やっぱり、ロシア語は支配者の言語ですね。先生がトルコ語で話し始めたら、学長先生、正装の民族衣装に着替えて、威儀を正して出直してこられましたものね」。

もちろん、キルギスの人たちは、ロシア語を嫌悪しているわけではありませんし、ロシア人とのあいだに厳しい衝突があるわけでもありません。しかし、かつてソ連時代に支配された歴史というものは、いまもキルギス民族の人たちのうえに重くのしかかっていることは間違いないようです。

かつてソ連の一部だったので、中央アジアの国々には、信仰をもたない社会主義者や、ロシア正教のキリスト教を信じるロシア人、さらには、朝鮮系の人たちもいます。キルギスではキルギス人、ウズベキスタンではウズベク人、カザフスタンではカザフ人が多数を占めていますが、国境は民族分布にきれいに対応してはいないので、これらの中央アジア系の民族も、国をまたいで暮らしています。彼らの宗教がイスラームなのです。

かつてソ連の時代にスターリンという独裁者がいましたが、彼は、さまざまな「民族」がソ連の体制に逆らえないようにするために、民族集団を強制移住させて勢力の分散を図りました。カザフスタン、ウズベキスタンやキルギスには、朝鮮民族やドイツ民族の人たちがいます。朝鮮民族の人たちは、朝鮮半島から離すことによって、ドイツ民族の人たちはヨーロッパから遠ざけることで、政治的な力を持てないようにしたのです。キルギスでもカザフスタンでも、都市の大きな市場（バザール）にいくと、一つの列では朝鮮系の人たちがキムチを売る店がつらなり、もう一つの列には中央アジア系の人たちが遊牧民の乳製品を売っているという光景を目にします。

ムスリムが必ずしも多数を占めているわけではありませんが、中央アジアでも、徐々にイスラームという宗教が目立つようになってきました。これらの国の政権は、近くのアフガニスタンやパキスタンから、イスラーム急進派が入り込んできて、「イスラームに従った政治をやれ！」と言い出すのを極端に警戒しています。実際、ウズベキスタンやキルギスの南方、フェルガナ盆地には、イスラーム急進派が集結しつつあります。ウズベキスタンでは、過去二回、カリモフ大統領の暗殺未遂事件が起きていますが、イスラーム急進派によるテロ攻撃とみられています。

ずっと、そこにあったイラン

さて、イラン。中東地域の国としてはめずらしく、この国は十六世紀の初めに成立したサファヴィー朝（一五〇一―一七三六年）の時代に、シーア派の拠点としての性格を備えました。ガージャール朝（一七九六―一九二五年）、パフラヴィー朝（一九二五―七九年）、そして現在のイラン・イスラーム共和国まで、ほぼ同じ領域を持っています。ですから、他の中東地域の国々が、イギリスやフランスによって二十世紀初頭までに分割され、支配されてきたのとは違い、体制は異なるものの、ずっとそこにあったのです。そして今日も、イスラーム世界ではシーア派の中心となっています。イランの近くでシーア派が優勢な国には、隣国のイラクとアゼルバイジャンがあります。イラクではアラビア語を話すアラブ系が、アゼルバイジャンはトルコ語を話すトルコ系の住民が多いため、民族で分けるならば、イランとの違いが目立つかもしれません。

この国は、一九七九年に親米の王制を倒し、イスラーム体制に移行したので、アメリカが、最初に「イスラームの脅威」を感じた国です。イランという名前ですが、これは「アーリア人」ということばから来ています。もともとインドの古いことばであるサンスクリット語では「高貴な」という意味だそうです。アーリア人というのは、インドとかイランあたりの民族を示す用語だったのです。たしかに、言語的には、イランのことばはアフガニスタンのダリ語やパキスタンのウルドゥー語に近く、トルコ民族のトルコ語やアラブ民族のアラビア語とは全く違うのです。

十九世紀から二十世紀の前半にかけて、ヨーロッパの人たちのなかにも自分たちは「アーリア人種」だと主張する動きがでてきます。ほかの人種や民族に対する優越感を示すときにつかわれたもので、ナチス時代のドイツや、インドを支配したイギリスにも、この愚劣な人種主義が広まります。こういう過去が、やや残っているのかもしれませんが、イラン人には、自分たちを周囲のアラブ民族やトルコ民族よりも優秀な民族だと考える人が少なからず存在します。

イランを見るとき、この点は、いまでもやや注意が必要です。ひげ面にターバンのイスラーム指導者や黒衣の女性たちからイランのイメージをもつのは間違いのもとです。ターバンの下にも、黒いヴェールの下にも、「私たちはアーリア人の血筋」と言いたげな顔が隠されているからです。実際、黒いヴェールの着用を強制されているとはいえ、イランの女性たちには、革命後早い時期から、堂々と髪をのぞかせる被《かぶ》り方をする人たちがかなりいました。

一九七九年に、それまで親米、親西欧路線をとっていたパフラヴィー国王の政権が、イスラーム革命を名乗るシーア派の宗教指導者や、その支持者によって一気に倒されました。あまりに貧富の格差が拡大していたことや、政府がアメリカと組んで反政府勢力に苛烈な弾圧を加えていたことなどがパフラヴィー王朝崩壊の原因とされます。この国の人びとの多くは、もともとシーア派のイスラームに属していたのですが、パフラヴィー王朝は、それを無視して、無理やり西洋的な国をつくろうとしました。やりすぎだなあと、当時、私も感じていたのですが、まるで石油による富をバックに金満豪邸のような王宮をつくり、パリやアメリカの社交界にデビューする王族たちをみていた市民は、西欧化にうつつをぬかす王族に、さぞかし激しい憎しみを抱いたでしょう。

イスラーム革命のリーダーとなったのが、フランスに亡命していたシーア派の指導者、ホメイニ師でした。イスラームにもとづく政治体制をつくったことで、どうしてアメリカとの関係が悪化したのでしょう。パフラヴィー国王は、アメリカの政治力をバックに国内を統治していました。特に、アメリカの支援を受けた秘密警察がイランの人びとを弾圧してきました。

そのことに怒ったイスラーム革命の実行部隊の若者たちが、革命直後にテヘランのアメリカ大使館を長期間占拠してしまったのです。大使館のような在外公館というものは、国際間の条約で不可侵と決められていますので、アメリカ政府は烈火のごとく怒りました。

その時はまだ、「冷戦」の時代でしたから、アメリカは、共産主義国のソ連以外に歯向かってくる国や人間がいるとは想像もしていなかったのでしょう。その当時のアメリカの反応は、ある種、日本の真珠湾攻撃や9・11のときの反応と似ていて、最初はパニック、次の瞬間に激怒というものでした。敵が誰なのか、というようなことさえ、はじめのうちは分かっていなかったようです。

以来、アメリカにとってイランは、狂信的で暴力的で民主主義のかけらもないイスラーム指導者が統治する「世界の脅威」ということになりました。アフマディネジャド大統領（二〇一一年当時）の強気の発言を聞いていると、単なるポピュリズム（大衆迎合）というよりも、「偉大なイラン民族＝アーリア人」という時代錯誤的な民族主義が垣間見えるような気がします。むしろ、本気でアメリカと競い合っている感じです。

第3章

「アラブの春」とイスラーム

2011年1月、エジプト・カイロのタハリール広場に集まった人びと（EPA＝時事）

「アラブの春」に何を見るか

二〇一一年の一月、チュニジアで長いこと絶対的支配をしてきたベン・アリ大統領が若者たちの民主化要求で退陣しました。次には、三十八年間にわたってエジプトを支配してきたムバラク大統領も退陣に追い込まれました。そこまでは、なにか「アラブの春」を思わせる明るいニュースのように感じられました。

二〇一一年の五月の初旬に、オサマ・ビン・ラディンが潜伏先のパキスタンでアメリカ軍の急襲を受けて殺害されました。その直後に、日本のメディアも、欧米のメディアも、一連の事態を次のように論評しました。

ビン・ラディンが死んで9・11から続いてきたイスラームとの戦争も終結する期待が高まった。一方、二〇一一年一月にチュニジアではじまりエジプトに飛び火した中東民主化の主役はツイッターやフェイスブックを使いこなす若者たちだ。そこには、十年前に猛威を振るったイスラーム原理主義の影はない。ビン・ラディンの死は新しい民主化運動としての「アラブの春」を象徴する事件だ……。

このような見方は、ひどく欧米中心的で、中東の本当の姿を伝えていません。第一に、ツイッターやフェイスブックのような情報ツールは、アフガニスタンのタリバンの幹部も大好きです。だれでも携帯電話をもっていれば使えるようになったのですから、ニューヨークの若者だろうと、イスラーム主義者だろうと同じように使っているだけです。ジャーナリストの頭には、アメリカで流行《はや》ったものをイスラームの若者も使うようになったのだから、きっと欧米化のきざしが出てきたにちがいない、という思いがあったのでしょうが、これは欧米諸国の優越感にもとづいた思い込みにすぎません。テクノロジーが、思想を決めるわけではないのです。

たしかに、エジプトのカイロにあるタハリール広場に集まってムバラク大統領の退陣を叫んでいた若者たちの多くは、ふつうのTシャツにジーンズ姿でしたし、別にイスラーム的なスローガンを叫んでいたわけではありません。彼らは、独裁者の下で自由のない生活にうんざりしていました。そのうえ、若年人口がとても多いのに仕事がないため、夢を実現できない若者の憤懣《ふんまん》が爆発したのです。このことは、民主化を求める声として的を射たもので、切実な願いがテレビの映像を通しても伝わってきました。ですが、Tシャツにジーンズだったり、SNS（ソーシャル・ネットワーキング・システム）を使って政権批判をしたりする姿に、欧米の若者との類似性を見たのなら、大きな間違いです。

問題は、その後でした。ムバラク退陣まではうまくいきました。しかし、その後に、どういう政府をつくるのか、エジプトをどういうかたちで民主化、自由化していくのかについて、若者たちには具体的なビジョンが欠けていました。

彼らがだめだ、というのではありません。欧米諸国の側は、エジプトの革命において「見たかったもの」を、若者たちに見ていただけなのです。革命の原動力になったのは、決して、タハリール広場にいた若者たちだけではありません。群集のなかにいなかった「怒れる民衆」の姿を欧米は見ようとしなかったのです。

エジプトでの民主化運動

まずは、ムバラク大統領が退陣するまでのプロセスを少し細かく振り返ってみます。

アメリカのオバマ大統領は、民主主義に対して理想を抱いています。彼は、エジプトの若者たちの民主化への要求にまじめに答えようとして、ムバラク大統領に退陣を促しました。ところが、その一方で、アメリカ政府は、とんでもない後継者案をつくっていたのです。二〇一一年二月の初旬、ムバラク政権がもたないのではないかとうわさされていたころ、ドイツのミュンヘンで開かれた安全保障会議で、アメリカはムバラクの後継者に、オマル・スレイマン副大統領を推しました。

私は、えっ、と驚きました、スレイマンはムバラク政権が危なくなってから、突然、副大統領に任命された人物です。彼は、もともと情報機関（俗にいう秘密警察）のトップにいた軍人です。彼は、隣接するパレスチナのガザ地区とエジプトとの往来をストップさせ、ガザの封鎖に一役買っていた人物ですから、イスラエルにとってはムバラクが退陣しても、エジプトがこれまでと同じようにイスラエルに都合のよい政策をつづけてくれる担保でした。しかしそれでは、オバマ大統領が求めた民主化とはかけ離れた結果になります。

実は、この会議にはイスラエルの首相顧問も参加していて、ムバラク後のエジプトについて、イスラエルに敵対するような人物が大統領になるのは困ると各国首脳に訴えていました。つまり、タハリール広場で若者たちがムバラク退陣を叫んでいるさなかに、大国どうしの外交の舞台裏では、イスラエルの利害をみながら誰を後継者にするかの話が進んでいたということになります。おそらく、アメリカ政府の内部でも、オバマ大統領の理想主義と国務省を中心とする現実主義派が対立していたのでしょう。

このときは、結局、オマル・スレイマン副大統領もムバラク大統領といっしょに表舞台から姿を消してしまいます。しかし、代わって実権を握ったのは国防大臣だったタンタウィです。エジプトは、民主化運動の結果、軍部が政権を握ってしまいました。

あれほど若者たちの民主化運動を賞賛した世界のジャーナリズムは、軍部が政権を握ったことに対して、さほど批判しませんでした。言うまでもありませんが、軍部が政治を支配したら民主化などできるはずがありません。

ムバラク大統領の政権は、アメリカから巨額の援助を受けていました。それが倒れました。エジプト軍も、巨額の援助をアメリカから受けています。アメリカからの援助が止まったら、エジプト経済は打撃を受けます。エジプト軍は、ムバラク政権が受け取っていた分の援助も軍事援助といっしょに受け継ぐためには、自分たちが政権にコミットしなければならないと確信していたはずです。

オバマ大統領が、理想主義的に、中東民主化を称賛したかったとしても、アメリカ政府、特に外交をあつかう国務省は、そんなことよりエジプトという「国家」をアメリカにとって友好的な「国家」にとどめておくための方策を重視します。アメリカにとって友好的な国家というのは、イスラエルにとっても友好的な国でなくてはなりません。そのためには、少なくとも当面のあいだ軍に政権を移譲することが妥当な結果だったのです。

もちろん、エジプト軍は、民衆の怒りが独裁にあったことを知っていますから、その後も若者たちの怒りを掻《か》き立てるようなことはせず、表向きは静かにしています。しかし若者たちは、だんだんと軍の支配に苛立《いらだ》ちを深めています。

軍があたかも民衆の味方のように見えたのは、タハリール広場でのデモに発砲しなかったからです。

しかし、その理由は軍が民主化運動の味方だったからではありません。ここでエジプトの社会構造と軍の関係をよく見なければなりません。エジプトは、前に書いたとおり若年人口が多く、若者たちは失業の問題と向き合っています。ということは、軍の兵士たちも、タハリール広場の若者たちと同じような境遇にあるのです。軍隊というものは、発展途上国では最低限の生活を保障してくれる「貧困対策」でもあります。わずかでも給料をくれますし、軍にいるかぎり衣食住の面倒は軍がみてくれるからです。

つまり、タハリール広場を取り巻いていた戦車にのっている兵士たちも、広場の群集も同じように貧しい人たちですから、もし、軍の上層部が群集に発砲を命じたらどうなったでしょう。いわば仲間に銃を向けることになるのですから、兵士たちは動揺したでしょう。

それに、中堅将校たちが「そんな不道徳なことをするわけにはいかない」と命令を拒否して軍の上層部に反抗したら、軍が分裂してしまう危険がありました。軽視できないのはこの点でした。

一九八一年、ムバラクの前に大統領だったサダトは、政権の腐敗やイスラエル寄りの姿勢に憤った軍の中堅将校によって暗殺されたのです。この将校は、イスラーム的な公正を鋭く主張するイスラーム急進派のメンバーでした。エジプト軍幹部は、またしても軍部が割れるような事態になるよりは、ムバラクを見限って、ここは民衆の味方を装うという手に出ました。民衆の味方であることをアピールし、政治の実権を握ることに成功したのです。

今後、新しい政権の下で、軍は政治から手を引くでしょうか？ アメリカの政治には、国内のユダヤ・ロビーを通じてイスラエルの意向が強く働きますから、イスラエルを孤立させるような政策をエジプトに取られては困ります。そのため、エジプト軍には「援助が欲しかったら、イスラエルに敵対するな」と言い聞かせているはずです。アメリカから、圧力をかけられ、民主的な選挙で選ばれる新政権に、それを言い聞かせるとなると民衆が納得しません。それでは、ムバラク政権と何も変わらないからです。

二〇一一年の十一月からエジプトでは、ムバラク政権崩壊後、総選挙が実施されました。その結果、第一党は自由・公正党（得票率は三七・五％）、第二党はヌール党（同二七・八％）

となりました。自由・公正党はムスリム同胞団というイスラーム組織を基盤としています。同胞団は、ムバラク時代も民衆の間で、貧しい人たちへの支援などイスラーム的な公正を草の根レベルで実践してきた団体です。ヌール党のヌールとは「光」の意味ですが、こちらはサラフィー主義といって、かなり厳格にイスラームしようとする志向をもつ人たちの政党です。つまり、自由な選挙の結果、エジプトの人びとの多くは、イスラームに従う国づくりを望んだことになります。ムスリム同胞団は、ムバラクよりも前の政権からずっと弾圧されてきました。それでも、弱者の救済のために病院や学校をつくるという地道な社会活動のおかげで勢力を拡大しています。イスラームにもとづいていますから、同じムスリムのパレスチナ人がひどい抑圧にさらされているガザの状況に黙っているはずはありません。ガザだけでなく、ヨルダン川西岸のパレスチナ自治区でも、エジプトでムスリム同胞団が勝利することによって、イスラエル最大の隣国がパレスチナを助けてくれることを期待しています。

イスラエルは、ガザを支配しているイスラーム主義の組織ハマスがエジプトと協力することをひどく警戒しています。ハマスはイスラエルとの武装闘争を掲げて、これまで幾度もテロを起こしています。もちろん、イスラエルはそれに対して大規模な軍事攻撃で反撃しますから、いつもパレスチナ側に多くの犠牲者を出してきました。ガザ地区とエジプトのシナイ半島をむすぶゲートは閉ざされ、エジプトから人や物資を運ぶことは厳しく制限されていたのです。それをしてきたのが、ムバラク政権でした。だからイスラエルはムバラク政権に倒れて欲しくなかったわけですし、できることなら、ガザ封鎖を取り仕切っていたオマル・スレイマンのような人物に後継者になってほしかったのです。

さて、ムスリム同胞団のようなイスラーム主義組織の勝利というかたちでの民主化を世界は祝福するのでしょうか。彼らは大多数のムスリムが抱いているパレスチナの人びとへの同情にそった政策を採りますから、イスラエルによるガザの封鎖には同調しないはずです。

一九七九年にエジプトが他のアラブ諸国を裏切るかたちでイスラエルと単独で和平協定を結んでから、今ほど両国の関係が緊張したことはありません。ムバラク大統領の独裁体制のときには、エジプト市民がいくら心でパレスチナの人たちに同情しても、政府はイスラエルとの関係を悪化させようとはしませんでした。むしろ、イスラエルに敵対する動きを警察や情報機関をつかって封じ込めてきました。ムバラク退陣後、そのような歯止めはもはや効かなくなったのです。エジプトの市民は、エジプトの国民として、というよりも同じムスリムとしてパレスチナの人たち（全部がムスリムではありませんが）へのシンパシーを自由に表明できるようになったのです。

エジプトの総選挙でイスラーム政党が勝利をおさめたことで、イスラエルは孤立を深めています。チュニジアでも、選挙の結果、イスラーム色の濃い政党が勝利しました。それでも、チュニジアやエジプトでの民主化運動を「アラブの春」と賞賛した欧米諸国の熱い視線はつづくのでしょうか？

率直に言って、私は、「アラブの春」という名前のつけかたにも、ひどく胡散《うさん》臭いものを感じています。リビアに次いでシリアで民主化を望む人たちが激しくデモを繰り返すようになったとき、リビアには軍事介入を決めた国連の安全保障理事会は、シリアに対しては口先だけの介入にとどまりました。

二〇一二年六月、エジプトの憲法裁判所は、前年の総選挙の結果を無効と宣言しました。大統領選挙でも、イスラーム派が勝利する勢いになったため、軍部が背後で動いたのではないかと言われています。ムバラク大統領を退陣に追い込んだ民衆の声は、少しずつ切り崩されていきました。

多数派のムスリムが弾圧されるシリア

シリアは、二〇一一年に起きた一連の民主化運動のなかで、とても悲惨な経験をした国です。この国は、バッシャール・アサド大統領と、その取り巻きの軍人から成るバース党による一党独裁の国です（出版されるころに体制が倒れていなければ）。この体制は一九七〇年代の初め、父親のハーフィズ・アサド大統領のときに、空軍将校だった彼が中心となってクーデタを起こし、実権を掌握して以来のものです。

この国では体制変革の動きは出ないと思われていました。あまりに体制が強権的で、反政府的な人物をきれいに一掃してきたからです。それが、南部のダラアという町で少年が治安部隊に殺されたことがきっかけとなって、市民の怒りが燎原《りょうげん》の火のごとく広がり、首都のダマスカス、北部のハマ、アレッポ、北西部の地中海沿岸の都市ラタキヤ、東北部のデルゾール、などに飛び火していきます。

ハマで暴動が起きたとき、私は、昔のことを思い出して、ひどく暗い気分になりました。約三十年前の一九八二年の二月にも、ハマで今回と同じような暴動が起きました。そのころ、私はシリアに留学していました。完全な情報統制に置かれていたといっても、暴動が相次いでいたことはわかります。暴動の主役は、スンナ派でイスラームによる世直しを訴えるムスリム同胞団でした。相手はもちろん、アサド政権（当時はまだ父親のハーフィズ・アサド大統領の代）です。アサド大統領の家の宗教は、アラウィー派という少数集団でシリアの人口の一割程度を占めると言われています。報道では、シーア派と書かれることもありますが、かなり違います。

シリアの国営放送をみるとすぐにわかりますが、ドラマに登場する女性は、みんな髪をなびかせ、なかなか西欧風にお洒落《しゃれ》な姿で登場します。スカーフやヴェール、それにイスラーム風のゆったりした衣装を身に着けていません。ドラマは恋愛ものが多いですが（当然ですが、社会派のドラマなんて、この独裁国家では放送できません）、家の中の様子やライフスタイル（携帯電話のメッセージで恋のもつれをやりとりするところなど）も、いまどきの日本のドラマと似ています。つまり、イスラーム色がまったくないのです。

一方、イラン（シーア派が多数を占めています）のテレビでは、どれをみても登場する女性は、きっちりイスラーム風の衣装をまとってい

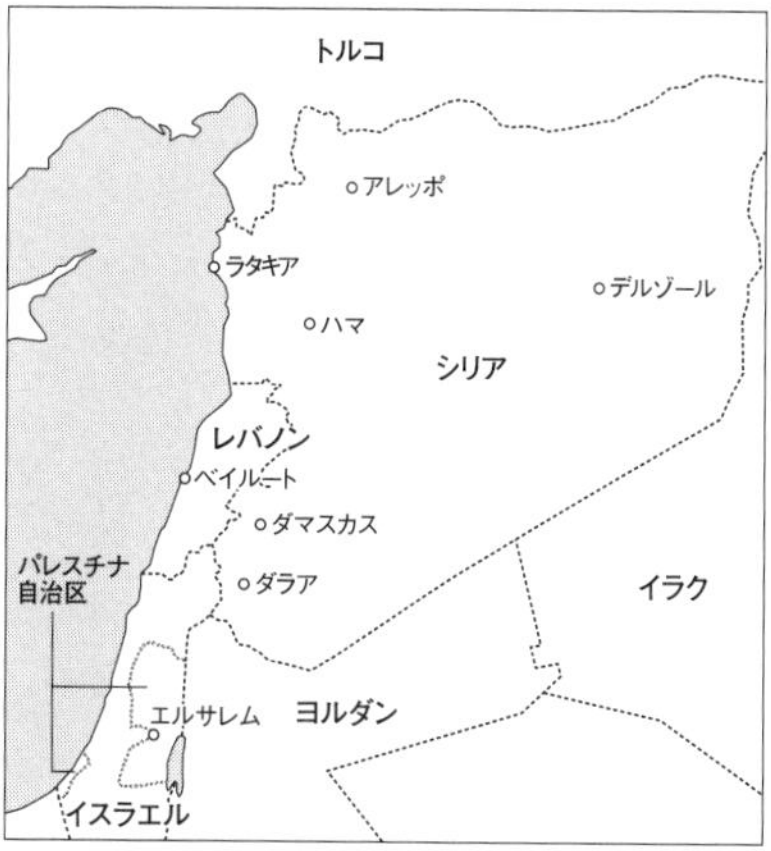

図9　シリア周辺

ます。そもそも、シリアのアラウィー派というのは、ムハンマドから四代目の正統カリフだったアリーを崇敬する点ではシーア派と似ていますが、キリスト教的な要素（三位一体《さんみいったい》）があったり、死後の生まれ変わりを信じていたりしてイスラームには絶対にない考え方をもっています。もっとも、教義の内容は信徒のサークルのなかで秘伝のように伝わるので、あまりよくわかっていません。はっきり言えるのは、このような異教的な要素があるため、スンナ派からは、異端もしくは「イスラームではない」とされて、ひどく差別的な扱いを受けてきたということです。

長らく抑圧されてきたアラウィー派の人たちのあいだには、生活苦から軍や警察に入る人が多く、軍の将校だったいまの大統領の父、ハーフィズ・アサドもその一人でした。いまや、民衆の民主化運動を暴力的に弾圧する悪の象徴のようになってしまいましたが、もともと被抑圧者のアラウィー派が政治の実権を握ったことに反発していたスンナ派（七五％前後の多数を占めています）にとっては、信仰の敵が独裁政権をやってきたわけですから、気に入らないのはあたりまえでした。

アメリカのオバマ大統領は、二〇一一年の八月になってアサド大統領に退陣勧告を出しましたが、直接の介入には消極的でした。そうこうするうちに、二〇一二年五月末には、国連の推計で一万人以上の死者を出したといわれています。

リビアに軍事介入したのはNATO（北大西洋条約機構）軍ですが、中心となったのはイギリスとフランスです。アメリカは二〇〇三年に起こしたイラク戦争の後始末や、二〇〇一年にタリバン政権を倒した後のアフガニスタンの平和構築と復興がうまくいかないので、とても介入する余裕がありませんでした。

ヨーロッパの国にとって、リビアは地中海をはさんだ南側にありますから、地理的にも近く無関心ではいられないという事情がありますが、同時に、リビアは巨大な産油国ですから、カダフィの後の政権と仲良くすることで石油利権を確保したいという思惑はかなりのものだったはずです。

シリアも石油を産出することはしますが、ごくわずかな量なので石油目当てにシリアに介入する国はありません。それ以上にアサド政権への介入をためらわせたのはイスラエルとの関係です。

シリアのアサド政権は、冷戦時代、ソ連寄りで反イスラエルの急先鋒《せんぽう》とされていましたが、それはうわべだけのことでした。一九七三年の第四次中東戦争まではイスラエルと戦いましたが、アサド政権（その直前の七〇年に政権奪取）は、その後、武力衝突を避けてきました。

圧倒的な軍事力をもつイスラエルと戦っても勝てるはずはありません。

それより、アラブの大義を看板にして、他のアラブ諸国から金を集めることにだけ頭を使うようになっていきました。アラブの大義というのは、イスラエルとパレスチナの戦いは、パレスチナの人びとだけでなく、全アラブ民族が連帯すべき戦いだという意味です。

私は一九八〇年代前半にシリアへ留学していましたが、その当時、日本円をシリア・ポンドに換えることはできませんでした。ドルを持って行って、現地でシリア・ポンドに換えるのです。ところが、この国、名目上は「社会主義」の体制ということになっていて、銀行は一つしかありませんでした。ドルとシリア・ポンドとの交換レートは政府によって、ドルが安くなるように抑えられています。

しかしシリア人は根っからの商人。ドルをかき集めようとするので闇両替があります。闇レートの方が、ドルを高く買ってくれるのです。スーク（バザール）の商店の奥で、他の客がいないときを見計らって主人と両替するのです。たいへん厳しい監視社会ですから、主人も他のシリア人がいるときには、そっけないそぶりで両替なんかできない、と言います。ちょっとしたスリルでしたが、土産物屋や絨毯《じゅうたん》屋の二階で、こっそり両替をすませたものです。

あるとき、シリアの閣僚がサウジアラビアなどペルシャ湾岸の超金持ちアラブ諸国を歴訪しました。その直後に闇両替に行くと、いつもよりドル対シリア・ポンドのレートがずいぶん悪くなっています。理由を聞くと、主人はニタリと笑って、大臣がアラブ諸国を漫遊してくるはずはなかろう、産油国をゆすって金をとってきたのさ、と言います。

たぶん、うちは体を張ってイスラエルと向き合っているんだぜ、と「アラブの大義」を振りかざしては、アラブの石油王たちに支援金を出させたのでしょう。大臣が帰国すると、それが、あっという間に闇市場に流れ込むので、ふだんよりドルがだぶついて、交換レートが下がったのです。

それでいて、国内のパレスチナ難民たちは行動を規制されていたり、当時のPLO（パレスチナ解放機構）に対しても、邪魔になると隣国レバノンから追放したりして、徹底して「地獄の沙汰も金次第」の国だったことをよく記憶しています。

ソ連を人質に取ったシリア

可哀想なのはソ連でした。アメリカは、ずっとイスラエルの後ろ盾になってきましたから、冷戦時代のこと、ソ連も、中東のどこかの国の後ろ盾になって、存在感を上げなくてはなりません。それには、相手方が社会主義を名乗ってくれないと具合が悪かったのです。シリアという国を一党支配してきたバース党の正式名称は、社会主義アラブ復興党といいます。バースは復興の意味ですが、党名には「社会主義」がついています。実際、この政党をつくったときには、帝国主義との闘争という意味も含んでいましたから、若干、社会主義的な要素はありました。しかし、シリア人は、ほとんど、社会主義のなんたるかを知りませんでしたし、シンパシーも持っていませんでした。マルクスやレーニンの書物など、本当に限られたインテリしか読んでいなかったと思います。

一九八〇年代、中東では、他にソ連寄りの国というのは南イエメンしかありませんでした。この国は後に北イエメンと合体してしまいますし、なにしろアラビア半島の南端の小国で、ソ連にとって、後ろ盾になるにはものたりない国でした。そこで、イスラエルと向きあうシリアとつきあわざるを得なくなったのです。シリア側は、そのことを知り抜いていて、いいようにソ連を利用していました。

当時、スンナ派のムスリム同胞団がさかんにテロを繰り返していました。政府機関やシリア軍をターゲットに爆弾テロを敢行するのですが、ソ連軍関係者の住むマンションがまるごと倒壊する爆破テロに見舞われたことがありました。シリア政府の発表は、ガス爆発。それでおしまいでした。

両国の関係が悪化することもなく、事件は闇から闇へ葬られました。ちょうどそのころ、ソ連はアフガニスタンに侵攻し、長い戦いを始めていたので、一般のシリア市民の対ソ連感情はひどく悪いものだったのです。

シリアには、あちこちに基地がありますが、ダマスカス近郊のある村には、キラキラと輝くソ連製のミサイルが並んでいました。オアシスの森の中なのですが、そこだけ樹を切り払ってあるので丸見えです。なんでこんなにわかりやすい配備をしたのかというと、イスラエルの偵察機やレーダーからわざと見えるようにしていたのです。

イスラエル軍としては、そこに輝くミサイルが並んでいればソ連製とわかりますし、ソ連製のミサイルが置いてあるということは、そこにソ連軍部隊がいるということです。公にはされていませんでしたが、ソ連軍がいることは公然の秘密でした。ソ連も馬鹿じゃありませんから、シリア軍に高価なおもちゃを渡したりはしません。ソ連軍が監督してこそ、中東でのプレゼンスを示せるのですから。

そこには、シリアの実に賢い戦略がありました。ソ連軍を人質に取っておけば、イスラエルは間違っても攻撃してきません。冷戦時代というのは、ヴェトナムでもそうでしたが、他の土地でアメリカとソ連が戦争を起こしています。イスラエルが本気でシリアを攻撃するなら、それはアメリカとソ連とが中東の地で衝突することを意味します。

イスラエルも、シリアもそんなことはまったく望んでいなかったのです。イスラエルは自国の安全が脅かされるとすぐさま攻撃します。攻撃こそ最大の防御という方針を金科玉条のように守る国です。そのイスラエルも、シリアがソ連軍を人質にとっていることをよく知っていましたから、攻撃する愚を犯すはずはありませんでした。

このことからもわかるように、シリアのアサド政権には、およそ仁義というものは通用しません。イスラームを守っていると、どうしても神の命令に背いちゃいけないなあ、という感覚が多少はあるのですが、シリアの現政権にはそれがありません。前に書いた通り、イスラーム色がないのです。それは、息子のバッシャール・アサドの時代になっても変わっていません。

宗派さえも利用する

イランとの関係は良好ですが、これも、スンナ派から異端扱いされ差別されてきたアラウィー派であることのマイナスを跳ね返すために、シーア派のイランに接近したからです。一九七九年に、親米政権が倒れてイスラーム政権となったイランは、一貫してイスラエルに敵対的です。しかしイランは直接イスラエルと国境を接していません。そこで、シリアを通過地点として、対イスラエル強硬派としてのプレゼンスを示そうとしました。

シリアの西にあるレバノンにはシーア派の勢力があって、なかでもイスラエルに強硬な姿勢で知られるのがヒズブッラー（日本ではヒズボラと書かれることが多い）です。ヒズブッラーというのは、ヒズブ（党）とアッラー（神）をくっつけた名前で、文字通り「アッラーの党」というイスラーム強硬派です。

このヒズブッラーは、レバノンで彼らの地位を拡大するために、シリアの協力を仰ぐ必要がありました。シリアを介してシーア派の大国イランの支援を受けてきたのです。レバノンは宗教・宗派構成がやたらと複雑で、たえず衝突を繰り返してきました。宗教・宗派ごとに大統領や閣僚のポストを振り分けるのですが、これがまた紛争の原因となります。

そのために一九七〇年代から八〇年代を通じて激しい内戦を経験しています。マロン派というキリスト教徒、イスラームのスンナ派、そしてシーア派、他にドルーズ派という少数派から成り立っています。ドルーズ派というのも、スンナ派からはイスラームじゃない、あるいはイスラームの異端とみなされてきた集団で、アラウィー派とは教えの内容が異なりますが、置かれた立場は似ています。レバノンやシリアに根付いた独自の集団です。

こういう複雑な構成ですから、シリアとしては通商の拠点であるベイルートを押さえるために、レバノンのシーア派と通じたのです。これで、ヒズブッラーはシリアを仲介役にしてイランからの支援を受けることが可能になりますし、シリアのアサド政権にしてみれば、除《の》け者扱いされてきたアラウィー派に「シーア派」のお墨付きを与えることもできます。

こういう事情があってアサド政権が「シーア派」と誤って書かれるようになったのですが、ちょうど一九八〇年代の初め、シリアがイランと仲良くしはじめたころ、イランから巡礼団の一行が大勢シリアにやってくるようになりました。ダマスカスの近くにあるサイイダ・ザイナブの墓（いくつかの伝承によって墓の所在地は異なりますがその一つがダマスカスです）をお参りに来るのです。サイイダ・ザイナブは、シーア派が崇敬する四代目カリフ、アリーの娘ですので、シーア派の人びとにとっては大切な聖者廟《びょう》参りの一つですし、彼女の墓は聖地とみなされています。

黒ずくめの女性たちがイランからやってくると、ダマスカスのシリア人たちはみな渋い顔でした。参詣にきてホテルに泊まっても、自炊してしまうので部屋は汚れる、金にはならない……。銭にならないことに根性を入れるイラン人たちを理解しかねるというのが街の人たちの声でした。そう話していたのはスンナ派の人たちです。彼らは、別にアリーやその娘だけを尊ぶ感覚がないので、ひどく冷淡だったのを覚えています。

シリア政府も、イランからやってきてイラン革命を称《たた》える人たちがやたらと宗教的情熱を燃やすのは困ったことでしたから、大きな団体が来ると、郊外の山の中の施設に閉じ込めてしまい、そこで「アッラーは偉大なり、ホメイニ万歳」とイラン・イスラーム革命のスローガンを好きなだけ叫ばせておいて、一般の市民には見せないようにしていました。ここでもアサド政権らしさがよく出ているのですが、彼らは、シーア派も便宜的に活用したにすぎません。

民衆は何に怒っていたのか

少し長くなりましたが、こういう話をしたのは、二〇一一年に中東民主化運動がシリアにも飛び火したとき、シリアの民衆が何に反旗を翻したかを理解していただくためです。もちろん、エジプトやチュニジアの民衆と同じように、アサド政権による独裁、秘密警察による監視、体制批判の徹底した取り締まりなどへの不満が爆発したことはそのとおりです。しかし、エジプトの場合は、大統領もスンナ派のムスリム、抵抗した民衆もスンナ派のムスリムでした。しかしシリアは違います。権力にしがみついているのはアラウィー派、政権打倒と民主化を求めているのは多数派のスンナ派ムスリムが中心です。

これは一九八〇年代の初頭に、スンナ派のムスリム同胞団が反政府運動を展開したときと似ています。今回、ムスリム同胞団は、反政府勢力の中心にいないようですが、構造としては同じことになっているはずです。

二〇一一年の衝突で、ダマスカスの北にあるハマという都市でも犠牲者が出ました。このとき、反体制派が撮影した映像に、ハマのモスクのミナレット（尖塔《せんとう》）が砲撃されて倒壊するシーンがありました。

一九八二年にも、政府軍は、保守的なスンナ派が多いこの町を徹底的に攻撃しました。その時も、政府軍はハマを包囲すると、まずスンナ派の拠点だったモスクを攻撃しました。モスクのミナレットを狙い撃ちにしたのです。それからハマの市民への虐殺がはじまったとされていますが、いったい何万人の市民が犠牲になったのかはいまでもわかりません。

ハマでの戦闘が終わって、政府軍が制圧してから、外国人の立ち入りが許されました。首都のダマスカスから北の第二の都市アレッポにバスで行こうとすると、どうしてもハマを通らなくてはなりません。バスは、ハマにある大きな水車の前で止まって休憩するのですが、町を見渡してみて愕然《がくぜん》としました。モスクのミナレットは砲撃を受けて崩れていました。そして、男性は、老人と小さな子どもばかりで、大人の姿がみあたらないのです。みな、消されてしまったのでしょう。二〇一一年の夏に、ハマのモスクのミナレットが破壊された姿をテレビで目にしたとき（実際、政府側、反乱側のどちらが撮ったのかは分かりませんが）、それが三十年前の政府軍の苛烈な弾圧を思い起こさせる効果をもっていたことは確かです。

アサド政権は、民主化運動が激しくなると、「これはイスラーム過激派のテロを鎮圧しているのだ」と主張しはじめました。理屈としては、一九八〇年代のときと同じです。ただ、今回は二〇〇一年の9・11以降に欧米諸国で高まった反イスラーム感情を利用して、自分たちこそ、イスラーム過激派と戦っているのだという主張で運動の弾圧を正当化しようとしています。

一九八〇年代のときには、地下に潜伏していたムスリム同胞団がおもてに出てきてテロをはじめ武装闘争を繰り返したのですが、今回は違います。運動の主役たちは、漏れてくる情報をみていても一般の市民です。シリアの国営放送は、反体制派がいかに多くの武器を隠し持っているかを連日のように報道していました。イスラーム過激派の暴力集団を鎮圧するのは治安維持のためで、完全に内政問題である、だから欧米諸国や海外メディアがシリアを非難するのはお門違いだと一蹴しています。前に書いたように、シリアには仁義は通用しません。恐るべきほどに功利主義的な政府ですから、鷺《さぎ》を烏《からす》と言いくるめてでも、反政府運動への弾圧を正当化するはずです。

シリアの場合、民主化運動そのものがはらんでいるリスクが大きすぎます。民主化を主張する背景には、単純にアサド体制の独裁だけではなく、イスラームともいえない少数のアラウィー派が支配していることへの反発があるからです。当然、数の論理でいえば多数派のスンナ派市民が望むような統治体制になるはずなのに、半世紀近くにわたって少数派が牛耳っていることへの潜在的不満はマグマのようなものです。実際それが、いま噴火しつつあるのです。ですから、アサド体制が崩壊するなら、スンナ派による統治に代わるはずです。

しかし、ここには難しい問題があります。シリアの場合、一九七〇年代にハーフィズ・アサドが実権を握りましたが、その前の一九六〇年代からバース党という宗教色のない政党が支配していました。この時代というのは、中東・イスラーム世界にも、西欧から入ってきた新たな思想が影響を与えていました。一つは、民族主義、もう一つは社会主義です。バース党というのは、その二つをくっつけています。しかし、マルクス主義のような社会主義を実践しようにも、どうしてもイスラーム教徒が多数を占める社会ではうまくいきません。マルクスは「宗教はアヘン」といって毛嫌いしましたが、ムスリムは私たちとちがって、簡単には「無宗教」にはなれないからです。

第二次大戦後、帝国主義の国々から植民地が独立していくときには、「民族主義」と「社会主義」は結構流行りましたし、これからはこの二つを柱に国をやっていくんだ！　と意気込んだアジアやアフリカの国はたくさんありました。エジプトでも、一九五二年に王政を打倒し、帝国主義と闘ったナセルは、アラブ民族主義の英雄と称えられました。しかし、結局のところ、「民族主義」というのは残酷なもので、必ずその国のなかのマイノリティを差別し抑圧する結果をもたらします。社会主義にいたっては、盟主のソ連をみれば明らかなように、権力構造がちっとも民主的にはならず、党幹部が権力を独占して腐敗し自ら崩壊してしまいました。

シリアの場合ですが、「社会主義」「アラブ」を名乗るバース党が、どうして今まで続いてきたかというと、結局のところ、社会主義でもアラブ民族主義でもなく、単にアサド家とその取り巻きによる独裁を恐怖政治で乗り切ってきたからです。

ただし、アサド政権は、前にも書いたように大変賢明ですから、根っからの商売人であるシリアの人たちの経済活動だけは邪魔しませんでした。いくらでも好きなように商売をさせて、上がりの一部を上納金として政府が巻き上げればよかったのです。ですから、アルメニア人であろうと、キリスト教徒のアラブ人だろうと、クルド人だろうと、そして多数を占めるスンナ派のムスリムだろうと、商売の自由だけはかなり保障されていました。

つまり、ライオンの尻尾さえ踏みつけなければ、シリアで生きていくのはさほど難しいことはなかったとも言えます。実はアラビア語で、ライオンのことをアサドといいます。

第4章　イスラームと民主主義

民主化運動後、初となる総選挙を経て成立した、チュニジアの新内閣の顔ぶれ（AFP＝時事）

イスラームから逸脱していた政治

ここまで、二〇一一年に起きた中東民主化の動きを追ってきたのには訳があります。チュニジア、エジプト、リビア、シリア、バハレーン（バーレーン）、イエメン……、各々の国で起きた反体制と民主化要求の運動は、国ごとに少しずつ異なる着地点をみつけるでしょう。シリアとバハレーンについては、宗派による利害対立が反体制運動に組み込まれているので軟着陸は難しいはずです。

しかしながら、全体として、中東全域に広がったこの大きなうねりが何を目指していくのか、という大きな問題を考える必要があります。私は、民主化と言っても、イスラーム圏での民主化と非イスラーム圏での民主化には大きな違いがあると考えます。非イスラーム圏の場合、私たちの日本と同じで、政治的な志向によって複数の政党から市民が選挙で選んだ多数派が議会をリードすれば、一応、民主的な政治ということになります。

イスラーム圏も基本的には同じことなのですが、宗教色を打ち出している政党、つまりイスラーム政党が多数派になると、イスラームの規範に沿った政治をすることになります。

ここが西欧との大きな違いです。ヨーロッパにもドイツのメルケル政権の与党である「キリスト教民主同盟」という名前の政党があります。しかし、こういう政党を聖職者が牛耳るわけではありませんし、「神の御名において」政治をするわけでもありません。「キリスト教」は、単に、精神的な基盤としての宗教倫理を意味しているに過ぎません。

しかし、イスラーム圏の場合、イスラーム政党が多数を握るとそうはいかないのです。イスラームというのは、神が人間に下した啓示を基にしていますが、そのなかには、信徒とその社会が従うべきルール（法の体系）があります。したがって、「イスラームする」政党なら、イスラーム法に従う必要があるわけです。イスラームというのは、心の内面の信仰だけでは成立しません。信徒個人や、その社会を統べる法の体系でもあるのです。これはイスラームという宗教にとって本質的な性質です。キリスト教が、早い段階で、世俗的な権力であったローマ帝国と妥協しながら信徒を増やしていった結果、国家の運営には、あまり影響を及ぼさなくなるのとは大きな違いです。イスラームは信徒の社会に「法」として浸透し続けていくのです。

しかし、二〇一一年までのところ、中東のほとんどの国で、イスラームに沿った政治をしていません。サウジアラビアやイランは明確にイスラームに基づいた政治をしていると主張しますが、実態がイスラームどおりになっているかについては多くの異論があります。今回、相次いで民主化運動が起きた国では、およそイスラームとはかけ離れた政治が長いこと行われてきました。

イスラーム世界でも西欧をモデルに国づくりをしてきた国が多いので、政教分離によって政治と宗教を切り離そうとします。そうすると、ある程度まで社会も世俗的になっていきます。チュニジア、エジプト、リビア、シリア、すべてがそういう国でした。本書の初めで触れたとおり、政治だけでなく、社会も宗教から切り離すべきだという考えを世俗主義といいます。世俗主義では、個人の信教の自由は保障しますが、逆に、個人が信仰から離れて生活する自由も保障することになります。ですから、世俗主義をその国が国家のルールとして採用すると、ムスリムの社会のなかで、仮にイスラームの規範に従わずに生きている人がいても、その人を罰したり差別したりすることは許されません。

それなら敬虔《けいけん》なムスリムにも自由が与えられていいじゃないか、と思われそうですが、問題は複雑な方向に展開します。政治がイスラームの規範から逸脱しているために、こういう社会でイスラームに従って生きようとすると、かえって生きにくいという状況が長年にわたって続いていたのです。政権側は、独裁や腐敗を棚に上げて、宗教で国民を縛っていないんだから自由だろう、とうそぶいていました。今回の民主化運動の背景には、このような不満があったのです。

民主化を要求する人たちには、もちろん世俗主義を重視する人もいれば、イスラームを重視する人もいます。しかし、どんなに世俗主義を重視しても、ムスリムは、脱宗教化しません。ここでいう脱宗教化というのは、日本人にたとえるとわかりやすいですが、「あなたの宗教は?」と聞かれて「別にこれといってない」と答えられることです。日本人にとっては、こう答えても、特に不都合は生じませんが、ムスリムには大問題なのです。

ムスリムの社会で「あなたの宗教は?」と尋ねられて、もしも「ない」と答えると、神（アッラー）を全否定したととられる可能性が高いからです。神を否定することは、どんなに酒を飲むムスリムでも、不倫を繰り返すムスリムでも、できることではありません。

ここのところが、非ムスリムの私たちの社会とムスリムの社会の決定的な相違と言ってもよいでしょう。「特に信じている宗教はない」と言ってしまうと、イスラームを含めて一神教の世界では、神を否定する無神論者と思われます。

私も、特定の信仰を持ちませんが、他人の信仰を軽んじるつもりもありません。無神論者は、もちろん強く信仰を否定しますから、そうではない日本型の「無宗教」を説明するのにひどく苦労します。

ふだんの生活が、どんなにイスラームの規範からかけ離れていようと、彼らをムスリム以外の人間として見るのは間違いです。イスラーム自体も、信仰に関して強制は禁物としていますから、イスラームの規範の何をどこまで守っているかを他人が評価するようなことはできません。これは、聖典コーランに繰り返し、神の命令として「無理強いはいけない」と出てきますので、いかなるムスリムも従わなければなりません。しかし、西欧の社会は、この点でもイスラームをひどく誤解していて、何かと押し付けがましい宗教だと信じ込んでいます。おそらく、イスラームに規範がたくさんあるから、そう思い込んだのでしょうが、実際には信仰の強要は禁じられています。

敬虔なムスリムの眼《め》の前で、同じムスリムが「酒を飲んで何が悪い」と開き直れば、敬虔なムスリムは怒るでしょうが、人目につかずに飲んでいるのなら、本人の信仰の問題でしかありません。私たちも、外国や日本で、酒を飲むムスリムと出会うことがありますが、だからといって調子に乗ってはいけません。「イスラーム教徒にしてはさばけているじゃないか」という見方は大きな間違いです。

話を元に戻すと、民主化を要求するということ、あるいは独裁者の退陣を求めるということについては、ムスリムのなかの世俗的な人たちと、敬虔な人たちとのあいだに差はありません。しかし、次にどんな国家をつくるのか、という問題に直面すると、両者のあいだには鋭い亀裂が生まれるのです。

簡単に言うと、法律のなかに、イスラーム法の要素を入れるのかどうかという点です。国なんてものがなければ、ムスリムの社会はすべてイスラーム法の適用地域となりますが、現実には、世界中の人たちが、国家というものによって分断され、帰属する国家の法に服従しなければなりません。そこで、国家の法がイスラーム法なのか、イスラーム法を一部取り込んでいるのか、イスラーム法とはまったく関係ない世俗の法なのか、によって話が変わってくるのです。

政教分離は民主化の条件か?

独裁者を退陣に追い込んだ後は、さあ、新しい国づくりだということになります。そこで、社会や国家と宗教の関係は、「これまでどおり世俗主義的なほうがいいなあ」と考える人たちと、「いやいや、これまではムスリムとしてイスラーム的公正が保たれていないことにひどく不満だった、だからこれからは神の道に沿った国づくりで行こう!」という人たちは、鋭く対立することになります。

中東民主化運動について、私が欧米や日本のメディアの論調に不安を感じたのはこの点です。エジプトで自由な選挙を実施すれば、イスラーム主義（イスラームを国家のルールにしようとする考え方）政党と世俗主義政党のあいだで対立することは分かっていました。実際、最初の選挙では、ムスリム同胞団をはじめイスラーム政党が勝利しましたから、国の骨格をかなりイスラームに近づけようとするはずです。ムバラク時代の憲法でも、実は、国家の法の源はイスラーム法だと規定していました。敬虔なムスリムからみると、なのにムバラクはイスラームの「イ」の字も実践しないけしからん奴だということになったのです。そのムバラクを追放した後、果たして、エジプトはイスラーム法をどこまで国家の法体系のなかに取り込むのでしょうか。

さきほどムスリムでも酒を飲む人は飲むのであって、それは個人の信仰の問題だから他人は干渉できないと書きました。イスラームの原理に従えばそうなのですが、エジプトが「ムスリムが住んでいる国」から「イスラームの国」になって国家の法体系をイスラームの法に従わせると、酒を嗜《たしな》むムスリムは居場所を失います。飲酒は、イスラームだけでなく国家の法律で禁じられてしまいますから、飲めば刑罰を科せられます。イスラーム法では、飲酒は鞭《むち》打ちと決まっています。それは嫌だ、やっぱり国家は宗教から距離を置くべきだ、という主張をするムスリムも大勢います。

一方、国家が宗教と距離を置くなら、イスラーム法を国家の法にすることはできなくなります。距離を置くということは、日本での政教分離と同じように、国家に関するある領分だけを宗教から切り離すことを意味します。たとえば、日本の公教育では特定の宗教を教えません。公教育の領分は宗教から切り離しているのです。日本の場合は、宗教教育をしたければ私学でどうぞ、ということになっていますから、宗教教育を受けたい、あるいは受けさせたいという希望が否定されるわけではありません。

もし、エジプトが日本のように公教育にはイスラームを持ち込ませない、などということを決めたら大変な衝突が起きます。敬虔なムスリムの側は、そもそも子どもの教育こそイスラームに基づいて行われるべきだと主張するでしょう。なんでもかんでもイスラームに縛られるのは嫌だというムスリムは、公教育をイスラーム学校のマドラサのようにしてしまうことを嫌うでしょう。問題は、確実にムスリムどうしでこの種の対立が生まれることなのです。

先読みしてしまうようですが、いまのイスラーム世界を見る限り、自由な選挙を実現すると、イスラーム法の採用を望む人たちが多数を占めるように思えます。これまで、チュニジア、エジプト、リビア、シリアのどれをとっても、実態は世俗的（非宗教的）国家でした。その世俗国家で、富と権力の独占という不公正な状態が長く続いたわけですから、ムスリム市民にとってのオルタナティブは、「イスラームによる統治の実現」に傾きやすくなります。

ムスリムの社会で公正を求めようとするとき、その基準はイスラームになります。私たちは、何も宗教に頼らなくても、公正な社会の実現は可能だと考えます。欧米諸国の大半もそうでしょう。キリスト教会から離れ、宗教から離れることによって、人間は一個人としての自由や尊厳を獲得できたというのが、西欧近代世界のドグマといってもいいくらい確固たる信念だったからです。

中世のころ、いや、実際には近代になっても、まだ教会の力は強く、人びとを縛ってきただけでなく、搾取もしてきました。それを市民の力で破壊したのがフランス革命ですが、その後、ロシア革命にいたるまで、あちこちでおきた革命は、王権や貴族だけでなく教会の権力を打ち砕く運動でもあったのです。その歴史を考えれば、西欧の人たちが、教会と国家を切り離さないと近代化も自由化も民主化もできないと信じているのは当然ともいえましょう。これまで、「宗教」と「国家」を切り離すのが世俗主義だと書いてきましたが、西欧に限定するなら、正しくは「教会」と「国家」の分離ということになります。

中東における民主化を考えるとき、大変難しいのは、イスラームには分離すべき「教会」組織がないことです。ここでいう「教会」というのは、ノートルダム大聖堂のような建物としての教会のことではありません。教皇庁を頂点とする教会組織のことです。プロテスタントの場合、教皇庁のようなピラミッド型の権力構造をもつ教会組織ではありませんが、やはり何々派教会のようなグループに分かれています。

しかしムスリムには、そのどちらもないのです。スンナ派とかシーア派というのは、宗派と言ってもいいのですが、スンナ派には特にピラミッド型の教会構造がありません。

シーア派は、もともと第四代のカリフ、アリーをことのほか崇敬する人たちの集団です。こちらは、神とムハンマドを除けば、いわばアリーに的を絞って崇拝しているので、他の人たちからは変な集団に見えたはずです。そのため、閉鎖的なサークルになりやすく、そのサークルを率いていく人物を必要としました。

それが、イマームなのですが、アリーの直系のイマームが十二代目（派によって異なるが、イランの十二イマーム派では十二代目）で「お隠れ」つまり行方不明になったため、その後は、現存する宗教指導者のなかから最もシーア派の学識に富んだ人物を仮の指導者として社会を統率させるようになりました。イランで、アーヤトッラーと言われるのはこの人たちです。今のイランでも、何をしでかすかわからないアフマディネジャド大統領の目付け役のように登場するのがハメネイ師ですが、このハメネイは大アーヤトッラーとしてシーア派の教学に精通した人物です。それでも、教会になっているわけではなく、シーア派学者がお互いに学問を競いつつ、社会の統治にも励む構造になっています。ですから、シーア派の場合には、宗教指導者が政治に口を出しますし、国家を率いているように見えるはずです。

一方、シーア派とちがって、特定の統率者をもたないスンナ派には、西欧のキリスト教会的な構造がありません。スンナ派のなかに主要な四つの法学派はありますが、これもピラミッド型の権力構造をともなう教会ではありません。そうなると、住んでいる国を、正しいイスラームで動かしていくのは大変難しいのです。事実上、不可能と言ってもいいと思います。

イスラームする人には邪魔な「国民国家」

いまの世界の国というものは、基本的に、国民、領域、主権の三点セットがそろった国民国家ということになっています。誰を国民とみなすかの定義は国ごとに違いますが、この三点セットだけは基本です。そうなると、ムスリムも、自動的にいずれかの国民国家の国民ということになってしまいます。

ですから、いくらエジプトのアズハル学院がイスラーム学の最高峰だと言っても、その学院長をエジプトの大統領が任命するのでは、やはりエジプトという一国家の僕《しもべ》になりかねないわけです。ムスリムが多数を占める国には、大抵、イスラームの最高権威という指導者がいますが、彼らはかならず政府の認証を得ているはずです。ということは、政府がイスラーム的に誤った政策を行っても、それを真正面から批判することはできない仕組みになっているのです。この問題を解決するには、イスラームの学識にもとづいて国を超えてムスリムが選ぶリーダー、すなわちカリフをもう一度復活させる以外に手立てはありません。

国民国家の考え方が定着するのは、民族というものが意識されていくプロセスと並行していました。だいたい十九世紀以降のことです。あちこちで、民族を掲げた独立の運動が起きて、植民地にされていた国々が独立を果たすのは二十世紀後半のことです。エジプトはイギリスの植民地、チュニジアはフランスの植民地、リビアはイタリアの植民地、そしてシリアはフランスの委任統治下に置かれました。

第二次大戦後に独立運動が起きてくるとき、何という民族を掲げることになったかというと、これがアラブです。アラブというのは、一番しっくりするのは言語的な絆《きずな》で、アラビア語を話す人たちです。これらの国の人びとは、言語的にはアラビア語を母語とする人が多かったため、地域を超えて「アラブ」民族としての連帯意識を強めました。宗教的には、圧倒的多数をムスリムが占めますが、少数ながらアラビア語を話すキリスト教徒もいます。エジプトのコプトもそうですが、シリアやレバノンにはシリア正教徒やギリシャ正教徒、さらに、言葉が違ってアルメニア語を話しますからアルメニアという民族に属するアルメニア正教徒もいます。

アラブの人たちは、しかし、壮大なアラブ国家をつくることができませんでした。これは、ヨーロッパの帝国主義国の支配から独立するときに、誰がどうやって権力を握ったかという複雑な経緯によります。しかしそのなかで、エジプト独立に貢献したナセル初代大統領は、アラブの連帯、アラブとしての民族意識の高揚に大きなインパクトを与えました。一九五八年から六一年までのほんの一時期ですが、シリアとエジプトが合体してアラブ連合共和国という国になったことがあります。地理的にはつながっていないのに、こういう連合国家ができたのも、アラブ世界の英雄となったナセルの力が大きく働いていました。しかし、権力というものは、どうしても土地やそこに生きてきた人間の集団の闘争から生まれてくるので、簡単には国境の壁を越えることはできません。アラブ連合共和国にしても、主導権をにぎったエジプトとシリアが反目し合うようになり、短期間で崩壊してしまいました。ダマスカスやアレッポという古代からの都市をもち、経済や文化の繁栄を経験してきた誇り高いシリア人には、エジプト人による支配は我慢ならなかったのです。

イスラームが誕生したころには、ムハンマドを中心に唯一神アッラーを信じる人びとが一つの集団（ウンマ＝イスラーム共同体）をつくりました。この集団形成の仕方は、今でいう民族とはまったく違います。民族は、一つの指標として言語を取り上げれば、古くから同じ言語を共有する集団であったと言えます。イスラームは七世紀にできたので、それより古い言語集団ならいくらでもあります。しかし、同じ言語を共有しているからといって、それを単位に国家をつくるという発想は、ずっと後の十九世紀ぐらいになってから確立されるものです。民族を単位として国家をつくるべきだという民族主義が国家建設の基になるのは、国家というものが、同じ民族にもとづく国民から成り立ち、彼らが住んでいる領域をもち、その国家に最高の意思決定権、つまり主権があるのだという共通理解が成り立つようになってからです。

民族主義という新しいアイデアは、ヨーロッパをこまごまとした国家に分割しました。同時に、ヨーロッパから出て行ってアフリカ、中東、アジア、ラテンアメリカなどを支配して領土を拡大し、経済のもとになる資源を奪い取る一大潮流を生み出します。これが帝国主義ですが、言ってみれば、自分たちの国家が生き延びるために、自分たちの民族が繁栄するために、弱い劣った民族は支配されても当然だという傲慢な発想が原点にあります。アラブ諸国の独立は、第二次大戦によって支配者のヨーロッパが疲弊しきってしまった後に、支配された側が、かつて支配者が使ったのと同じ民族主義を武器に立ち上がったことによります。

ですから、二十世紀の後半にアラブ諸国が独立国家になるときには、イスラーム共同体を再興するという発想はあまり力を持ちませんでした。発想そのものは、ずっとあったのですが、ヨーロッパがやったような国家の力による支配に対抗するには、力をもった国家をつくることが先決だということに多くのアラブ人が同意したからです。ヨーロッパやロシアからは、民族主義だけでなく、共産主義や社会主義というイデオロギーも持ち込まれました。アラブの知識人たちにとって、新しい息吹のように感じられたことでしょう。一九六〇年代から八〇年代の終わりまで、民族主義や社会主義が入り乱れて権力闘争を繰り返します。そのあいだに、民族や宗教のさまざまなマイノリティ（少数）集団が、必死に権力奪取を試みます。シリアでアラウィー派が実権を握ったのもそうです。リビアのカダフィやエジプトのムバラクも、民族の誇りを強調しながら民衆をひきつけ、いつしか暴力で自国民を圧迫しながら統治するようになっていたのです。

一連の中東民主化運動の結果、次々と、こういう民族主義の負の遺産というべきリーダーたちが退陣に追い込まれていきました。中東・イスラーム世界の今後を考えると、次にまた、民族主義にもとづく支配体制ができると、同じことの繰り返しになってしまいます。民意を反映するという意味での民主主義だけなら、多数派が実権を握るか、多数派と少数派が連邦のようなかたちで権力を分け合うか、少数派が暴力を使って多数派を押さえ込むかのいずれかになってしまいます。しかし、それをしてしまうといずれは暴力的な支配につながる危険があります。これを避けるために、何が必要か、それがこれからの中東・イスラーム世界のゆくえを決めることになるでしょう。

民族を強調する民族主義による国家建設は、この点で将来の展望をもてません。それなら今までたどってきた道と同じだからです。欧米諸国のように、もはや民族でも宗教でもなく、市場経済に国のゆくえを託してしまうような経済原理を重視する政治は、いまのところまだ中東にはなじみません。

イスラーム的公正さへの欲求

残る選択肢はイスラームです。エジプトでムスリム同胞団が台頭したのもその現れです。彼らは、アメリカ寄りで国際社会でも協調的にみえたムバラクの政権が、内実ではいかに腐敗し、弱者を抑圧してきたかを熟知していました。一見自由な市場経済が、格差をどんどん拡大していくことも知っていました。そのような状況下で、イスラーム的公正、つまり富を持つものが貧者に施すという富の再配分メカニズムを実践してきたのです。貧しい人たちのために病院や学校をひらき、彼らに寄り添う社会活動を続けていきました。イスラームでは、弱者を救済するために定められた喜捨（ザカート）が義務とされ、善行（サダカ）が奨励されます。これらは、現世での利益を誘導するためのものではなく、施しを与え、善行を積むムスリムが、最後の審判の後で楽園（天国）に迎えられるための条件の一つです。

イスラーム的公正を求める人びとが増えて、彼らが自由な選挙で勝利し議会政治をすれば世の中は良くなるだろう――民主化運動を経験したムスリムの国では、遅かれ早かれ、こういう方向に傾斜するはずです。

いまのところ、イスラーム的公正による世直し政権を創ろうというメッセージは、テレビでもインターネットでも多数出てきますが、それ以外の、つまり欧米諸国が望むような宗教色のない民主化を説くメディアはずっと少なくなります。私たちは、大きな事件にだけ眼をむけがちです。タハリール広場の興奮や、トリポリの緑の広場の興奮だけを見ていても、その先にくるものを見ることはできないと書いたのは、そのためです。

独裁者を倒した後、実は世俗的な勢力には、新しい国家をつくるために打ち出す新たな策がありません。民族主義、とくにアラブ民族主義は、とっくに力を失っています。民族を看板にすると、マイノリティとの闘争という厄介な問題を生み出すことをもとうに知っています。国単位の民族主義、むしろ国民主義ですが、これは一定の政治勢力になるでしょう。

もっとも、エジプトで、ムバラク体制を支えていた与党の「国民民主党」は解散させられました。他にも、自由、公正、民主、社会、国民、和解、統一戦線などの名前を組み合わせた政党がぞろぞろとでてきます。しかし、名前だけみても、どういう政治イデオロギーに基づいているのかはなかなかわかりません。ということは、既存の政治イデオロギーでは、エジプトの次のステップを説明しきれないということです。

実際、イスラーム組織に「あなたはお金をもっているのだから、困っている人のために喜捨したら?」と言われると、富裕層だけでなく、町の商店主も工場経営者も、さっと喜捨を差し出します。イスラーム政党は、弱者向けの病院や孤児たちのための施設、学校などを経営する財団やNGOと協力しています。ムスリム同胞団は、政党活動を弾圧されてきたため、こういう社会活動に大きな蓄積があります。貧しくて困っている人たちを助けよう、そうすればあなたは死後の世界でご褒美として楽園に住まわせていただけるんですよ。こういうささやきに、ムスリムは同意します。国家が徴収する税金に対する納税意識というのは、ひどく低いものです。長いこと、ろくでもない独裁者が権力と富を独占してしまったので、国家のために納税するという意識は中東の国のどこをとっても高まりません。それに、そもそも、イスラームどおりの国家なら、ムスリムは徴税されない決まりなのです。なんだかんだと税金は取るし、イスラーム的な公正はないし、というのではムスリムはいつかそういう政府を倒します。それがいまの中東民主化のうねりなのです。

そのことを前提とすると、イスラーム組織のNGOが喜捨を集め、それが自国や外国の弱者の救済に使われ、それをイスラーム系のメディアが大々的に報道すれば、イスラーム政党が勝利するというメカニズムです。ムスリム同胞団系の自由・公正党は、おそらくこのシステムをうまく活用して支持を広げてきました。

危険視するだけではわからない

二〇一一年十月二十三日、最初に独裁政権を倒したチュニジアで総選挙が行われました。結果は、イスラーム政党のナフダ党（英語圏ではエンナフダと書かれることも）が二一七議席のうち九〇議席を占めて第一党になり、第二党には中道左派の共和国会議が三〇議席を得ました。

さて、この選挙結果を欧米諸国がどう報道したかを分析すると興味深いことがわかります。おしなべて、民主的に実施された選挙の結果を尊重してはいるのですが、イスラーム政党の勝利には「懸念」をもっていることが書かれています。たとえば、フランスのル・モンド紙は、ナフダ党を「イスラーム主義政党」とはっきり書いていて、イギリスの新聞の多くが「穏健なイスラーム主義」としているのに対して、イスラーム的性格を強調しています。欧米のメディアが懸念しているのは、第一に女性の権利で、スカーフの着用を強要するのではないか、地中海に面したチュニジアでビキニ姿の観光客が規制されるのではないか、アルコールも規制されるのではないか等々です。与党になったばかりのナフダ党は、女性の政治参加を強化すると主張していますし、ビキニもワインも今のところ規制するとは言っていません。

この背景には、もともとチュニジアでは、ベン・アリとそれ以前のブルギバ政権のときから、フランスの影響が強いせいで、世俗主義に慣れていたことがあります。そのため、チュニジアの国民は「リベラル」に違いないという予想をしているようです。

このような見方は、しかし中長期的にみると皮相なものです。イスラーム政党が第一党になったからといって、仮に単独与党になったとしてもそうですが、いきなり、イスラーム的規範にしたがった「規制」や「抑圧」に乗り出すような馬鹿げた政策を打ち出すはずがないからです。チュニジアはアフガニスタンでもパレスチナでもありません。自由な選挙を行えば、いきなり強硬なイスラーム主義政党が出てくるはずなどないからです。

繰り返しになりますが、イスラーム的価値を政策に織り込んでいくのに、イスラームやコーランをいちいち引き合いに出す必要などないのです。ムスリムの市民からみて、「ああ、イスラーム的正義に適《かな》った政策だな」と納得できるような政治をすればよいだけのことです。

わかりやすく言うと、いきなり、さあ女性はスカーフやヴェールで頭を隠せ！　などと命じる必要はありません。それとはまったく逆で、スカーフやヴェール姿で、かつ優秀な女性政治家や官僚、ジャーナリストをどんどん世に出していけばいいのです。むしろナフダ党は、「格好なんて問題じゃないでしょ。中身よ、中身」というスタンスのエリート女性をバックアップするでしょう。

では、髪の毛をオープンにする女性は排除するでしょうか。それもしないはずです。そんなことは、個人の信仰実践にかかわることですから、イスラーム的にみても、他人が強制することではありません。政治家にせよ、ジャーナリストにせよ、中身がイスラーム的公正に適ってさえいれば、当分の間、ナフダ党は何も言わないはずです。

ただ、ナフダ党が勝ったということは、国民の間に、イスラーム的公正を実現することへの欲求がかなり強いことを意味しています。こういうイスラーム政党を支持する人というのは、確信をもつイスラーム主義者と、どの政党でもいいけれども、いままでの世俗的な政治よりも宗教を道徳の柱にすえたほうが、世の中が良くなると期待する道徳的保守派の二つから成っています。もし、ナフダ党が経済政策で成功すると、それを支持する宗教色のない人たちの票も加わります。

チュニジアにとって、やや難しいのは、かつてフランスの植民地だったこともあって、フランス在住のチュニジア出身者が多いことです。彼らのなかには、相当にフランスに適応している人も多いですが、フランスという国はヨーロッパのなかでもっとも宗教嫌いの世俗主義国家です。この宗教嫌いは、ドイツやイギリスとは比較にならないくらい強いものです。個人であっても、公共空間に宗教を持ち込むことを忌避しますし、実際、ヴェールやスカーフについては法律で禁止しています。

そのため、フランスの影響を受けたチュニジア人たちは、母国にイスラーム政党の政府ができることを毛嫌いしているはずです。将来、フランスにいるチュニジア人が、イスラーム主義に反対する運動を起こすことは想像に難くありません。そういうときに、フランスの世俗主義派の知識人たちが、我が意を得たり、とばかりに支援し始めると、必ず、激しい対立に陥ります。チュニジア本国の側からみると、植民地支配をしたフランスになびく同胞に敵意を抱く人たちが出てくるからです。

フランス共和国の世俗主義は憲法上の原則でもあり、目下、フランス在住のムスリムとのあいだに、かなり厳しい衝突の火種となっています。ナフダ党にしてみれば、スカーフ着用の是非など、当分、争点にしたくないはずです。被《かぶ》りたければ被ればいいし、被らなくても干渉しないという姿勢をとっています。しかし、もしもフランスが、スカーフなど被っているようでは社会が進歩しないだの、真の女性の自由と権利は守られないなどと批判し始めると、事はたいへん厄介になります。

フランスという国は、いまだかつて公式に植民地支配の過去を詫《わ》びたことがないばかりか、「文明化の使命」でやったことだとぬけぬけと言い張ってきました。今回、民主化と同時にイスラーム政党が勝利した背景に、そういうフランスのお墨付きを得て、二十三年間も独裁をつづけてきたベン・アリに対する怨念がこもっていたことを忘れてはなりません。

第5章

世俗主義国家からムスリム国家へ——トルコの挑戦

ローマ字を教えるムスタファ・ケマル（SIDALI-DJENIDI/GAMMA/アフロ）

民主化が進展するトルコ

「アラブの春」が実はイスラーム勢力の台頭をもたらしていることに関連して、いま、にわかに注目されるようになっているのがトルコです。トルコの与党、公正・発展党（AKP）はイスラーム政党ですが、この政党が二〇〇二年に与党になってから、ようやくトルコで民主化が実現されたからです。言い換えると、「アラブの春」より十年ほど早く、トルコは民主化のプロセスに入りましたが、それもイスラーム政党が躍進した成果だったのです。

トルコ共和国は、前身のオスマン帝国が崩壊した後、一九二三年に建国されました。オスマン帝国は、最後のイスラーム帝国でしたが、イギリスやフランス、ロシアによって領土を切り刻まれ衰退していきます。

第一次大戦でドイツ側について参戦したため、敗戦と同時に、アナトリア半島を除く大半の領土を失ったうえ、一九二〇年のセーブル条約ではイスタンブールやエーゲ海地方のイズミールなども失うところでした。相次ぐヨーロッパ列強の侵攻に猛然と抵抗したのが、軍人のムスタファ・ケマルです。後に、「父なるトルコ人」を意味するアタテュルクの称号を国会から与えられたトルコ共和国の初代大統領です。

新生トルコ共和国は、前身のオスマン帝国とはまったくちがう性格をもっています。第一

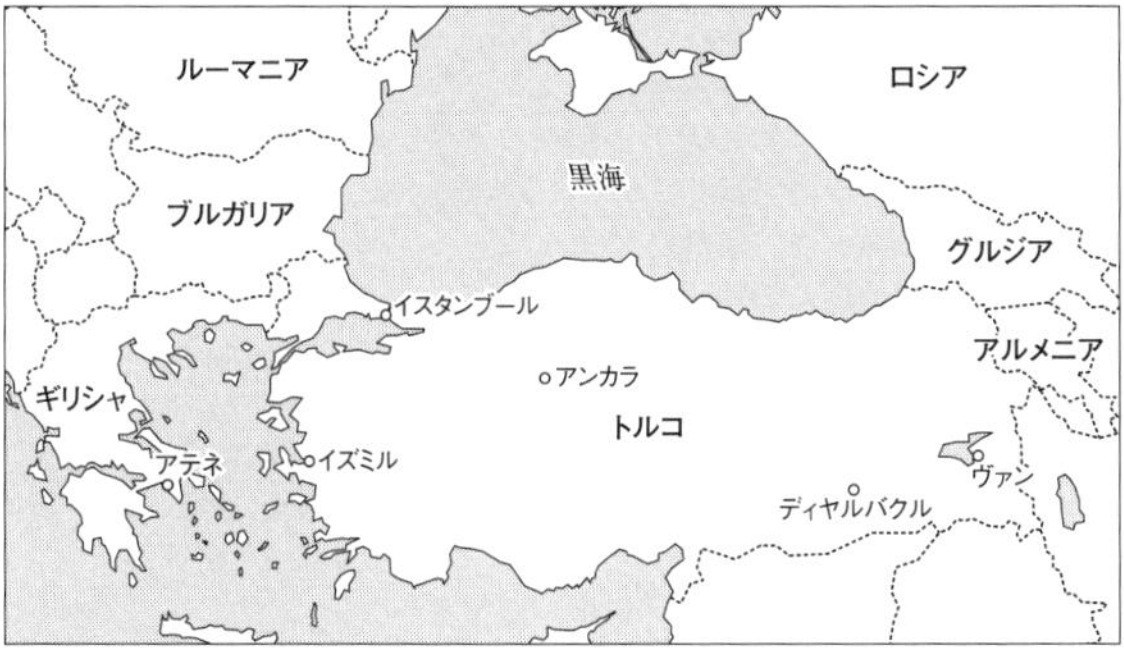

図10　トルコ周辺

に、イスラームを国家から完全に切り離した世俗主義国家になったこと。第二に、「トルコ人」という民族からなる国民国家になった点です。トルコが、建国から今まで歩んだ軌跡をたどると、中東民主化の将来がどうなるのかを考える一つのヒントになります。

建国の父アタテュルクは軍人ですので徹底したリアリストであったようです。国民の大半がスンナ派のムスリムですから、個人の信仰を否定するようなことはしませんでしたが、イスラーム勢力が政治に干渉することを嫌いました。建国の直後に、スルタンやカリフを復活させようとするイスラーム主義者の反政府運動が起きましたが、これをすばやく弾圧したアタテュルクは、最初の憲法には入っていたイスラーム国教条項を削除させます。徹底した脱イスラーム化と国民国家創出の歩みを簡単に年表でたどってみましょう（表2、一四〇ページ）。

表２　トルコ共和国の歩み	
1923年	トルコ共和国建国。
1924年	トルコ共和国憲法制定。イスラームは国教、国語はトルコ語と制定、カリフ制廃止。
1925年	スーフィー教団の道場廃止、服装の西欧化を規定。
1926年	世俗法の民法を制定。
1928年	文字をアラビア文字からラテンアルファベットに変更、憲法からイスラーム国教条項を削除。
1930年	女性参政権（地方）を承認。（国政は1934年）
1931-32年	トルコ歴史・言語協会設立。トルコ語の純化、トルコ歴史を公定化。
1937年	憲法で、トルコを世俗国家と規定。 （一党支配の共和人民党の綱領どおりにした）
1982年	軍政下で改定された憲法第四条で、トルコの絶対不可分、世俗主義などの条項を改正不可条項とした。 （この条項は1961年の憲法にはなし）
2010年	憲法を「市民の憲法」に改正するための国民投票が、58%の賛成を得る。

これまでトルコの憲法は、建国早々の一九二四年、最初の軍事クーデタ後の一九六一年、三回目の軍事クーデタの後の一九八二年と三回改正されています。一九八二年憲法は軍政下で改定されたため、二〇一〇年に現在の公正・発展党政権が、一九八〇年にクーデタが起きた九月十二日にあわせて国民投票を行い、市民の手による民主的な憲法の制定を国民に問い、六割の賛成を得て改正に着手することになりました。

最初の憲法では、宗教と国家については、まだイスラーム国家であることを認めていますが、国語をトルコ語とした点、議会が立法府であること、主権はトルコ国民にあることを明確化して「トルコ国民」の創出をめざしています。その後、憲法とは別に、西欧化による近代化政策が次々に打ち出されます。服装までイスラーム式から西欧式に、アルファベットをアラビア文字からローマ字に変更しますし、教育は世俗的な西欧の教育が取り入れられ、イスラームを教えるマドラサ（アラビア語で学校の意味ですが）は廃止となります。女性の国政参政権も、日本より早く一九三四年には認められています。

六百年以上もイスラーム国家であったオスマン帝国がつづいたあとに、あっという間に次々と近代国家の様相を整えたことになります。オスマン帝国は、バルカン半島からアラブ地域までを支配しましたから、当然、多民族の国家です。宗教については、イスラーム帝国です。しかし領域のなかには、バルカン半島のキリスト教徒、シリアやレバノンのキリスト教徒やユダヤ教徒も含まれます。前に書いたように、イスラーム法では、異教徒の一神教徒とは一定の協約を結んで庇護《ひご》を与えることになっています。簡単に言えば、非ムスリムの一神教徒は税金を払うことで、イスラーム国家のなかで安全を保障されるのです。実際、このイスラーム的統治システムは、かなりうまく機能したので、オスマン帝国は六百年以上にわたって「オスマンの平和（パックス・オトマニカ）」と呼ばれる平和を実現できました。

オスマン帝国は、現代的に言えば、多文化が共生するための制度をもっていました。多文化主義の国家だったと言ってもいいでしょう。ただし、ここが、今でいう多文化主義と違うのですが、ムスリムと非ムスリムとは平等な処遇にはなっていませんでした。不平等下での共生が成り立っていたのです。ここが難しい点ですが、イスラーム帝国による異教徒の統治は、ムスリムと平等ではありません。理想論としては、決して多文化主義の制度とは言えないのですが、しかし、二十世紀の末に各地で勃発した民族紛争をみると、オスマン帝国の統治が、一定の平和を保障していたことも否定できません。

その後にできたトルコ共和国は、オスマン帝国とはまったく違います。一民族一国家という国民国家の理想を追求しました。二十世紀の世界では、ヨーロッパで創り出された国民国家（ネイション・ステイト）が、ほぼ唯一の近代国家像となっていきました。必死でヨーロッパ列強諸国と戦って独立を達成した新生トルコ共和国も、当然のこととして国民国家建設を急ピッチで進めたのです。しかし、民族や宗教、宗派構成が複雑に入りくんだ中東で、一民族一国家はありえないことでした。トルコ共和国の国民はトルコ人であり、国語はトルコ語であると決めてしまいましたが、このことが今にまでつづくクルド問題の原因となったのです。

クルド問題に向き合いはじめたイスラーム

クルド問題というのは、この国の東部や東南部地方に住むクルド人をトルコ人に同化させようとしたこと、また、クルド人の文化や民族的アイデンティティを否定し続けたことによって発生しました。クルド語はトルコ語とは完全に別の言語です。しかしトルコ政府は、長いこと、クルド人の存在を認めず「山のトルコ人」と呼び、クルド語をトルコ語の方言としました。クルド語はペルシャ語に近く、トルコ語はアルタイ語系の言葉ですから、全然似ていません。一方のトルコ民族は公定民族としてトルコ共和国の国民となり、他方のクルド人はアイデンティティを丸ごと否定されるのでは不満が高まります。一九九〇年代には、急進的な共産主義のクルディスタン労働者党（PKK）が、トルコ軍と激しく衝突し、トルコ軍側はクルドの村を強制退去させるなどの応酬で双方に四万に上る犠牲者を出しました。

二〇〇〇年代に入って、いまの公正・発展党政権が誕生してから、政府は急速に民族差別を解消する方向に舵《かじ》を切りました。一九九〇年代から、すでに「クルド」という呼称は新聞でも使われていましたが、「クルド問題」と言った途端に、「そんな問題はわが国には存在しない」と一蹴されるのが常でした。それがようやくこの十年のあいだに、「問題」として認識され、解決を模索する方向に世論も傾斜していきました。

そこには、イスラームの力が介在しています。公正・発展党というのはイスラーム政党ですが、憲法が政治にイスラーム色を出すことを厳しく禁じていたために表向きはイスラームに言及しません。しかし、あえてトルコ民族主義を弱めることの必要性を説きました。激しい民族主義は、必ず民族問題を引き起こす、それより、トルコ人もクルド人も、ムスリムの兄弟ではないか、というのが公正・発展党の主張でした。

イスラームでは、人種や民族の相違というものをまったく念頭においていません。創始したムハンマドはアラブ人ですし、したがって神から彼に下された啓示は必然的にアラビア語ですが、だからといって、アラブ人のムスリムが上位で、トルコ人のムスリムが低い地位にあるというような考えは成立しません。ムスリムとしては、黒人だろうが、白人だろうが、アラブ人だろうが、日本人だろうが、そのあいだに格差は存在しません。このイスラームの特徴を、いわば公正・発展党はうまく使って、建国以来の懸案であったトルコ人 vs. クルド人の対立構造を解消しようとしました。

しかし、現実はそう簡単にはいきません。クルド人の側は長いこと差別を受けてきました。民族差別というだけでなく、東南部は貧困層が多いという経済問題もあります。ただし、これまでのトルコ政府も、東南部に重点的な開発投資はしていました。巨大なアタテュルクダムをつくり、東南アナトリア開発計画という長期計画を立てましたが、眼《め》に見えて東南部の経済が発展することはありませんでした。それに、クルド側にも問題があります。クルド人のあいだには地主と小作農との封建的主従関係が残ってしまっているのです。このせいで、もっとも援助を必要とする人たちは、政府の開発援助政策の恩恵を受けることができませんでした。一方、大地主、大親分たちは、実は、政治の中枢にも入れます。国会議員や大臣にもクルド人ならいくらでもいます。大実業家にもいます。彼らは、ODA（政府開発援助）の恩恵を独り占めして、いわば援助資金を丸呑《の》みしてきたのです。

私は、日本政府のODAの評価ミッションで、クルド地帯の中心ディヤルバクルに行ったことがあります。学校という学校から子どもたちがあふれ出てきます。子どもが多いのも事実ですが、学校が足りないのです。十分な教育を受けられない子どもたちは、就職の道も閉ざされ、町でこまごまとした仕事をしながら小銭を稼ぐ生活をするか、小作農として農業をするか、羊飼いをするしかありません。街でうろうろしている夢のない少年たちに近づいて、ゲリラになることを唆してきたのがPKKです。PKKは山岳ゲリラとして存在するだけでなく、町でのリクルーターもやります。彼らは彼らで、合法政党をもっていて国会にも議席をもっています。

ＰＫＫに近い政党出身の市長にも会いました。たいへん知的で、クルド人の置かれた境遇についても理路整然と説明して隙がありません。彼らは、苦労して首都のアンカラやイスタンブールの大学を卒業し、弁護士の資格をもっていたりしますが、非常に急進的な左派でもあります。ですから、クルド問題を階級問題や帝国主義の問題として、政府と争う姿勢を変えません。彼らが一番恐れているのは、ただでさえ教育レベルが低く、ともすれば日常生活での判断もイスラームに依存しやすいクルド人のあいだに、イスラーム政党が影響を強めてくることです。

これはトルコに限ったことではありませんが、教育を受ける機会のなかったムスリムの場合、ふだんの生活でもわからないことがあると、村のイマーム（宗教指導者）の判断を仰ぐことが少なくありません。あることをするのが、良いのか、悪いのか。争いごとが起きたときにどちらが正しいのか、間違っているのか。こういうことの判断を、物知りのイマームに頼ってしまうのです。イマームは一定の専門教育を受けていますから、村では相対的に知識人ということになりやすい存在です。

急進的な共産主義を採るＰＫＫは、封建的なクルド社会にも根の深い問題があることを知っています。ですから、武装闘争だけでなく、合法的な政治活動にもリンクを張って、公正・発展党によるイスラーム強化政策がクルド人社会に及ばないように激しく抵抗します。いまは平和・民主党と名乗る政党を持っていますが、公正・発展党政権の呼びかけを無視するように呼びかけを続けています。

これまで、クルド系の政党は何度も解散命令を憲法裁判所から受けてきました。それが、民主化の遅れを示す重要な課題でした。公正・発展党政権は、自分たちも世俗主義の憲法原則に反するとして幾度か解党命令の危機を経験しているので、政党解散の命令を憲法裁判所が出すための条件を厳しくしようとしています。そうすれば、クルド政党にとってもプラスなのですが、クルド政党は議会での交渉にはなかなか乗ってきません。武装闘争を繰り返せば、クルド人の若者もテロリストとして治安部隊に殺害されます。暴力の応酬によって、大家族のクルド人たちのあいだに反政府・反トルコの活動家を増大させるのがＰＫＫとクルド政党の戦略ですが、これでは若者たちの命を犠牲にするだけです。それに、トルコ軍兵士を殺害し、トルコ人側の民族主義を掻《か》き立てるだけですから、これでは民族紛争は永遠につづいてしまいます。

公正・発展党政権が、この暴力の連鎖を断ち切ろうとしたことは事実ですが、これに反発したＰＫＫ側が一層テロを頻発させたため、政府側も、軍をつかって逆襲にでています。公正・発展党としては、イスラーム主義だけで国民がついてくるとは考えていません。当然、（純粋なイスラームには反することですが）トルコ人の民族感情を利用しなければ政権を維持できません。さすがにＰＫＫのテロに対しては、「トルコ国民として」容認できないという姿勢を強め、「同じムスリムの兄弟」という主張は引っ込めてしまいます。

低下する軍の権威

現在、トルコでは政府が軍に対するシビリアン・コントロール（軍の指揮権を文民がもつこと）を実現しています。あたりまえじゃないか、と思われるかもしれませんが、トルコにとって、政府が軍に指示して動かすというのは、二〇〇二年より前には考えられないことでした。

軍は、大のイスラーム政党嫌いです。建国の父アタテュルクの遺志を継いで、国家原則としての世俗主義を決然と守る姿勢を維持してきました。組織としてのトルコ国軍は、イスラームが政治に介入すると、トルコの近代化ができないと信じています。ですから、内政が混乱し、とくにイスラーム主義勢力が政治に介入すると、しばしばクーデタを起こしています。最後は一九九七年の二月ですが、イスラーム主義の福祉党という政党が連立ながら政権を獲得したとき、首相のネジメッティン・エルバカンのイスラーム志向に怒った軍は、国家安全保障評議会という政・軍トップが居並ぶ会議で首相に退陣を迫りました。結局、エルバカン首相は辞職し、福祉党も憲法裁判所から、憲法（世俗主義）違反に問われて解党を命じられてしまいます。

ここがトルコという国にとって最大の難問なのですが、国民の大半はムスリムですから、彼らが望む政治を実現しようとすれば、どうしてもイスラーム的な要素を政治に取り込まざるを得ません。政治だけではありません、公教育、司法、行政のいたるところでムスリムは、敬虔《けいけん》であればあるほど、イスラームに従うことを望みます。トルコの世俗主義というのは、人間社会のある領域に、神が介在することを許さないという意味で、イスラームと公的領域を切り離そうというのですから、自然にまかせてできることではありません。だからこそ、軍が大きな役割を担ってきたのです。そんなに厳しい世俗主義でなくてもよかったのかもしれません。トルコの世俗主義は、ヨーロッパ、いや世界でも最も厳しいフランス型の世俗主義を無理やりムスリム社会に持ち込んだものです。トルコはフランスの植民地になったことはありません。オスマン帝国の末期から、祖国がヨーロッパ列強に侵略されていくなかで、改革派の人たちが、新しい国のモデルをフランスに求めたからではないかと思います。

しかし、軍が政治介入するのでは、民主主義は成り立ちません。クルドの分離主義勢力がテロや武力闘争を行う場合にも軍は武力行使をしますが、これについては一般のクルド人と内戦をしているわけではありません。九〇年代には、一般のクルド人を巻き込んで内戦状態に陥りましたが、それが失敗であったことは軍も認め、二〇〇〇年代に入ると、武装勢力との戦闘に限定するようになりました。

さて、軍の政治介入ですが、一九六〇年のクーデタのときがもっとも激しく、政治に混乱を招いた政治家（イスラーム主義者だけではありません）を処刑してしまいます。一九八〇年のクーデタでは、主な敵はイスラーム主義の政治家でしたが、公職追放にしたうえで、後に国民投票で復権を認めています。しかし、このときも、暫定的に軍人の政権ができてしまい、イスラーム主義者だけでなく、左翼の労働運動家、学生活動家、知識人などが軒並み刑務所に送られていきます。

いくら国家の体制を守るためとはいえ、これでは民主化ができていないと諸外国に評価されても仕方ありません。

ところが、二〇〇二年に公正・発展党政権が成立すると、一挙に軍の力が弱まっていきます。総選挙で公正・発展党が圧勝したのですが、党首のレジェップ・タイイプ・エルドアンは刑務所にいて公職追放の身でしたから、暫定的にいまの大統領アブドゥッラー・ギュルが首相になりました。なぜ、刑務所に収監されていたかというと、エルドアンがイスタンブール市長のとき、演説で「イスラーム的な言辞を弄した」から憲法の世俗主義条項に反するとして逮捕されたのです。

問題となった演説というのは、トルコ共和国建国当時の国民的詩人の文章の一節で、この詩人自身はトルコの教科書にも載っているような人です。たしかに、こんなことで逮捕されたり、拘禁されたりするのでは、表現の自由、政治活動の自由が著しく制約されていたと言わざるをえません。エルドアンは、一年後に首相の座につくと、世俗主義の守護者である軍に対して反撃を開始します。

二〇〇七年になると、軍による政府転覆の陰謀が相次いで発覚し、現役の将官たちがぞろぞろ逮捕、起訴されてしまいます。あまりにとめどもなく陸海空軍の大将や中将、統合参謀本部の次長などが逮捕されるので、将軍たちが残らないのではないかと言われたくらいです。

事の真相は、司法判断を待つしかありません。しかし、政治的にみれば、明らかにイスラーム政党である公正・発展党の逆襲です。このクーデタ計画だけではありません。多くのマスコミが公正・発展党批判、つまりイスラーム主義の政治活動に批判をしなくなります。一九九〇年代にはイスラーム主義のメディアのほうが少なかったのですが、いまでは、反イスラーム主義のメディアは数えるほどしかありません。

一九九〇年代の初めごろ、メディアの自由化が行われ、それまで国営放送しかなかったテレビやラジオに、あっというまに何百という私企業が参入しました。最初のうち、民放各局は、アメリカ風のドラマや、ややエロティックな番組などを競って放送し、視聴率を上げていきました。やや遅れて、たいへんイスラーム的な放送局も誕生しましたが、こちらのドラマというのは、家庭のもめごとに悩んでいる妻や子どもが、一生懸命、アッラーに祈りをささげるうちに、暴力を振るうぐーたら亭主が改心して信仰に目覚め、家庭円満になるという教訓ものばかりでした。

こんなばかばかしいもの誰がみるのか、と私も思いましたが、いまやなかなかの人気です。二〇一一年の夏はちょうどラマダン月にあたりました。民放各局のほとんどは、コーランの朗誦《ろうしょう》、モスクでの礼拝の生中継、イマームの説教を流し続けていました。ムスリムの社会だから当然といえば当然なのですが、トルコという国に限っては、九〇年代までほとんどみられなかったシーンなのです。

世俗主義の崩壊と再イスラーム化の進展

トルコでは、軍と世俗主義政党の弱体化にともなって、あっというまに再イスラーム化が進んでいます。私も、こんなに早く世俗主義の体制が壊れるとは思っていませんでした。しかも、再イスラーム化の過程と民主化の過程は重なっているのです。ここが、今後の中東・イスラーム世界のゆくえを考えるときに、たいへん重要なポイントになります。

トルコのように、これまで世俗主義で社会をしばってきた国では、それが緩むことによって、イスラーム志向の強い新聞やテレビが増えてきます。しかし、たとえばいきなり酒が禁止されるわけではありません。一方、敬虔なムスリムも吸っていたタバコに対しては、厳しい規制をかけています。パッケージには、肺がんで死の床にある患者が喫煙を後悔することばを大きく表示しています。タバコについては、イスラーム上の禁止規定はありませんが、病気になるリスクが高まるわけですから、神の手にあるべき生命を自分で緩慢な自殺に導いていると解釈すれば、イスラーム的解釈も禁止の方向に傾きます。

トルコ政府は、世界的な傾向に合わせて禁煙を推奨しているわけですが、同時に、副次的な効果をもたらすこともよく知っています。トルコでは、公共の場所だけでなく、レストランなど閉じられた空間ではすべて禁煙になっています。居酒屋も含まれます。そしてタバコの値段は昔と比べて五倍ぐらいに引き上げられています。

これは、いまのところ自由に営業できる居酒屋や飲み屋を兵糧攻めにする作戦と言ってもいいでしょう。言うまでもなく、喫煙者は、酒を飲むとよけいにタバコが欲しくなりますから、居酒屋や酒を提供するレストランにとっては大打撃です。居酒屋側は、建物の外にテラス席を設け、冬はそこに防寒のためのビニールシートを垂らしたり、ストーブを置いたりと、対策にやっきになっています。

トルコのテレビを見ていると、何年か前から、喫煙シーンにぼかしが入るようになりました。そのうち、酒を飲むシーンにもぼかしが入るかもしれませんね。「別に飲酒を禁止するのではない。しかし、飲酒シーンが子どもたちに悪い影響を与える」という理屈をつければ、別に、「イスラーム的に正しい政策を採るんだ」と公言しなくても、自然に飲酒を規制することができます。非常に賢いやり方で、庶民を説得しつつ、イスラーム的に正しい方向に導く政策を、いまの公正・発展党は採っています。

再イスラーム化というのは、こういうふうに進むものなのです。突然、憲法はコーランである、などと過激なことを言って、それまで世俗的な生活をしてきた人たちを恐怖に陥れる必要などまったくありません。賢明なイスラーム主義者なら、そんなストレートな政策を打ち出しません。それより、イスラーム的になったほうが、どんなにすばらしい生活が待っているかを実際に眼に見えるように諭しながら市民を誘導していくのです。

トルコのように、これまで世俗主義者が軍の後ろ盾を利用しながら威張っていた国では、イスラームに傾斜することこそ、自由化と民主化の象徴のようになります。それにしても、世俗主義者の知識人やジャーナリスト、学者たちは愚かでした。かつて、公正・発展党政権が強くなる前、テレビの討論番組などをみていると、スカーフで髪の毛を覆っている女性を、時代遅れ、啓蒙《けいもう》されていないなどと平気で罵倒していました。

世俗主義を礼賛してきた人たちの間違いは、善悪の判断をイスラームにゆだねる人たちを馬鹿にしてきたことに尽きます。自分たちこそ、西欧的で、近代的、民主的で先進的である、イスラームにしがみつく連中は、後進的で、無知だと公然と言い続けてきました。スカーフで頭部を覆っている女性を、彼らは「カパル」と言っていましたが、これは「閉じている」の意味をもつと同時に、「蒙が啓《ひら》かれていない」という意味でした。私は、そんなことを言い続けていると、いつか敬虔なムスリムたちに逆襲されますよ、と何度も世俗主義者たちを諭しましたが、彼らは聴く耳を持ちませんでした。二言めには、我々はヨーロッパなのだ！もうじきＥＵに入ろうという我々がイスラームとかかわりあう必要などない、と声高に主張していました。このような歪《ゆが》んだヨーロッパ志向は、残念ながら、ヨーロッパ列強との戦いで独立を勝ち取ったトルコとしては、ずいぶん情けない主張でした。

建国の当初、アタテュルクらが、徹底した西欧化によって近代化しようとしたのは正しい選択でした。当時は、圧倒的な力をもっていたのがヨーロッパ諸国でしたから、模倣してでも追いつこうとしたのです。建国直後に、イスラーム帝国の再興を求める運動が起きましたが、新政府は徹底して弾圧しています。これも間違いとは言えません。当時のイギリスやフランスは、アフリカ、中東、アジアをことごとく植民地化していくだけの力を持っていたのです。その際、イギリスもフランスも、宗教勢力や少数民族を利用するだけ利用して分断を図っています。それに独力で抵抗して独立を勝ち取ったのはトルコだけだったのです。

建国の父アタテュルクが急いだのは、まず、それまでのイスラーム帝国とはまったく異なる近代的な国民国家の建設でした。そのために、国語の制定から始まって、国民の創出に全力をあげたのです。世俗主義は、その過程のなかで建国の遺産として、イスラーム勢力を排除するために取り入れられました。

いまのトルコの世俗主義政党は、アタテュルクが創設した共和人民党です。しかし残念なことに、この政党は建国以来、アタテュルクの遺産を食い潰してしまいました。ここ二十年ほどをみても、内部抗争に明け暮れ、敬虔なムスリムを蔑視し、イスラーム政党に罵詈雑言を浴びせること以外に、何の能力も示せませんでした。

世俗主義者たちは、自らを「左派」と自称します。私は、最初のうち、こんなに国家主義者でトルコ民族主義の強い人たちが、どうして「左派」を名乗るのかさっぱりわかりませんでした。後にわかったのですが、彼らは、イスラーム主義者を「右派」とみなして、知的で進歩的な自分たちは西欧でいう「左派」だと思い込んだようです。しかしヨーロッパの左派は、クルド人のアイデンティティを否定してはばからないトルコの共和人民党をファシスト呼ばわりしていました。外から見れば、当然、共和人民党はナショナリスト＝右派にみえるのです。その共和人民党が、世俗主義にしがみついていたのですから、奇妙な構図でした。

時代がかわって9・11以降の世界。世界中で反イスラーム感情（イスラーム・フォビア）が高まります。共和人民党は、このときは世界中で反イスラームを唱え始めた保守派（ヨーロッパ諸国の右派）に迎合して、「自分たちこそ、イスラーム原理主義者と戦っている進歩派」をアピールしましたが、欧米でもまったく受けませんでした。

当然ですが、非イスラーム社会では、イスラーム主義者と戦う人間＝左派・進歩主義者ではないからです。西欧社会では、左派だろうと、右派だろうと、イスラーム嫌いでは共通しています。こうして、共和人民党は、左派を自称しながらイスラーム勢力の台頭には軍がクーデタを起こしてくれることを期待する奇妙な国家主義政党になってしまいました。これでは、国際的にも理解を得られません。

一方、公正・発展党の方は、そもそもイスラーム主義であることさえ口にしません。ムスリムの国民から見て「真っ当な」政治をすれば、イスラームに適《かな》うわけですから、ことさらにイスラームを強調する必要はないのです。貧困層にモダンな住宅を提供し、世界で飢餓にあえぐ人たち、戦乱で困窮する人たちに、喜捨を集めて援助の手を差し伸べる――それで、国民にとっては十分に「イスラーム的」なのです。

長年にわたって、軍や司法機関から弾圧されてきたトルコのイスラーム主義者は、自分たちの権利を認めさせるための戦いを続けてきました。女性がスカーフを被《かぶ》って大学にいけるようにすることは、その象徴的な課題でした。ばかげたことですが、二〇一〇年まで、トルコの国立大学は、スカーフを被った女性の登校を禁じていました。ムスリムのスカーフは、単純な話で、性的羞恥心の対象となる部位を覆っているだけのことです。コーランには明示的に、スカーフを被れと命じる文言はありません。預言者ムハンマドの慣行をまとめたハディースに出てくるものです。意味するところは、陰部を隠せというだけで、女性の頭髪がセクシュアルなら隠す対象になるだけのことです。女性が髪を露出したら啓蒙され、髪を隠したら啓蒙されずに無知蒙昧になるというようなことはありえません。この話は、また後で触れることにしますが、世俗主義体制のもとでは、トルコの女子学生、女性公務員、検察官や裁判官、医師や女性看護師も、国立の機関ではすべてスカーフ着用を禁じられてきたのです。

こんなことにこだわっていたのが、トルコの世俗主義者の愚かな点でした。スカーフ姿の女性を見下すことで、自分たちがあたかも先進的であるかのように思い込むのは、洋服を着れば近代人になれると思い込むのと同じです。西欧化を始めた当初は、それなりの象徴的意味があるでしょうが、何十年も、こんなことを主張しつづけるのには何の意味もないだけでなく、同じ国民を侮辱しつづけるわけですから、当然、いつか復讐《ふくしゅう》されることになります。

八月三十日はトルコがギリシャ軍を破って独立を達成した記念すべき戦勝記念日です。この日は国民の祝日で、恒例では軍のトップ、参謀総長が式典を開き、大統領や首相が参列します。戦争に勝った日ですから、主催するのは軍の長なのですが、二〇一一年にそれががらりと様変わりしました。式典の主催者が大統領になったのです。理屈からいえば、他の先進国と同じく、軍の最高指揮官というのは国家元首ですから、トルコでも大統領が主催してもおかしくはありません。しかし、もともと軍人だった建国の父にして初代大統領のアタテュルクに敬意を表して、戦いに勝った祝日だけは軍が式典を仕切ってきたのです。

いつまでも、軍が主役のような式典をするのは民主国家にふさわしくないというのが政府側（与党）の言い分です。そう考えると、今回、大統領が戦勝記念日の式典を主催したことは、これまでのトルコでシビリアン・コントロールができていなかったが、これからは変わるというメッセージでした。これも、民主化の進展を印象付けるできごとです。

第6章
アメリカは、なぜタリバンに勝てないのか

放置された旧ソ連軍の戦車で遊ぶアフガニスタンの子どもたち（AFP＝時事）

自分の自由のためには他者の自由を犠牲にする

冷戦が終焉《しゅうえん》を迎えた後の世界の変化は、あまりに急激なものでした。一九八〇年代後半のバブル経済は、日本でもすぐにはじけて不況に陥りましたが、それでも、拝金主義は次から次へと姿を変えて登場してきます。その当時は、拝金主義などと言わず、勝者が市場を支配し、敗者は市場から退場するのは当然だというふうに言われました。市場の原理がすべてだということです。社会主義経済が自由な市場を嫌っていましたから、冷戦の崩壊で資本主義体制の国々が勝利したことを受けて、資本主義の根本を支える自由主義の経済原理が正しかったという空気が世界を覆っていました。

それに加えて、二〇〇一年に9・11の同時多発テロが起きました。自由主義を、より過激にしたリバタリアニズムが、ヨーロッパやアメリカで力をもつようになります。市場至上主義の人たちは、景気が循環するので、いつか必ず尾羽を打ち枯らしてしまいます。私も、拝金主義者の顔を見たくはありませんが、顔を背けていれば、いずれ消えていくものです。しかし、リバタリアニズムの狂気は、現代の世界を混沌《こんとん》に突き落とす危険をもっています。

リバタリアニズムというのは、極端な自由主義のことです。自分たちにとって居心地の良い状況を求めるためには、他者の排除を厭《いと》わない力づくの思想です。もとの自由主義が、ある種の規制や抑圧から解き放たれることを目指していたのとは違って、自分の自由のためには他者を犠牲にするのも当然という考え方です。このような発想が、市場経済のメカニズムと結びついてしまうと、極端な拝金主義としての新自由主義の経済を生み出します。

アメリカでは、9・11の衝撃によって、リバタリアニズムの矢が世界に向けて放たれます。アメリカの自由と繁栄を守るためになら、他の国の犠牲を厭わないことを宣言し、アル・カイダを匿《かくま》っているという理由でアフガニスタンのタリバン政権を倒し、さらには根拠もないままイラクのフセイン政権を潰します。まさに、自分の自由を守るためなら他人を抹殺してもかまわないという究極のリバタリアニズムでした。当時のブッシュ大統領は、9・11の直後に、世界中の国に向けて、自分たちの側に立つのか、それとも敵の側に立つのかと恫喝《どうかつ》しました。アメリカの自己中心的な一極主義が噴出したのです。

しかし、アフガニスタン侵攻もイラク戦争も、アメリカ自身が大きな犠牲を払う結果を招きました。アメリカが、ムスリムに対して敵対的な行動を取れば取るほど、反米感情を高まらせるムスリムを増やし、アメリカと闘うためなら命を惜しまない自爆テロリストを増やすだけでした。

イラクからはようやく撤退の道筋がつきましたが、アメリカは独裁者サッダーム・フセインを追い出した代わりに、この国をひどく分裂させてしまいました。イラク戦争後、この国では、シーア派、スンナ派、クルド人、トゥルクメン人など、宗教や民族を掲げる集団どうしが争う構図となっています。

アフガニスタンでは、アメリカ軍とアメリカを含む治安維持部隊のＩＳＡＦ軍の兵士の犠牲者が増え続けています。アメリカ軍とＩＳＡＦ軍を分けて書いたのは、ＮＡＴＯ（北大西洋条約機構）加盟国を中心とするＩＳＡＦは、基本的に治安の維持を目的にしていますが、アメリカ軍はその任務以外に、実はまだ戦争を続けているからです。作戦名は「不朽の自由」。ブッシュ前大統領が、９・11の直後に開始したアル・カイダとタリバンに対する掃討作戦です。この作戦、当初、ブッシュは「不滅の正義」作戦と名づけたのですが、さすがに戦争を仕掛けておいて「不滅の正義」では具合が悪かろうということで名前を変えることになりました。アメリカの大統領が「正義」を口にするのもおこがましいうえに、「不滅の」というのでは、本来、神の手にあるべき絶対的正義を人間が奪い取ってしまうに等しいからです。なにもイスラーム急進派のみならず、世界中のムスリムからみても、ひどく不遜な態度でしたし、敬虔《けいけん》なキリスト教徒にも、ブッシュは傲慢すぎるとみえたことでしょう。

「正義」や「自由」を武力で押し付けようとするアメリカは、手痛い打撃を受けることになりました。タリバンは数年のうちに勢力を盛り返してしまいます。9・11から、また、アフガニスタン侵攻から十年目の二〇一一年、アル・カイダの首領とされたオサマ・ビン・ラディンは米軍によって殺害されました。しかし、アフガニスタンのカルザイ政権は、タリバンとの和解なしに国の再建も平和もありえないところまで追い詰められています。

断固として侵略者を排除するアフガンの魂

タリバンは、なぜ復活したのでしょう? いろいろな説明がなされてきましたが、簡単に言えば、異物を排除しようとする根源的な欲求に彼らが応えているからです。たとえて言うなら、体内に侵入した異物を排除しようとする免疫機構のようなものです。アメリカが「免疫よ、賢くなれよ。俺は味方だぜ」と言ったところで、免疫機構は容赦なく異物を攻撃します。

アフガニスタンには、二〇〇二年以降、アメリカを中心に多くの欧米諸国から膨大な資金が投入されてきました。もちろん、タリバンのようなイスラーム政権ではなく、もっと西欧型の民主的な政府をつくって国を再建するためです。しかし、これはうまくいきませんでした。投入された資金は、沙漠に水をまくように消えていきました。誰が飲み込んだのか、というとカルザイ政権の周辺にいる軍閥たちや、その配下の人たち、それに欧米からやってきた警備会社をはじめとする企業です。

アフガニスタンの一年間の税収は一六億ドルぐらいです。アフガニスタンでの対テロ戦争の経費は年間で一〇〇〇億ドルに達します。まさに天文学的な資金を投じていますが、そのうちのかなりを欧米からアフガニスタンに赴く人たちの警備に使っているのですから、どう見ても異常な支出と言わざるをえません。それもアメリカ国民の税金なのですから、二十一世紀のこの時代に、それほど理性の通用しないお金の使い方があることには、驚きを通り越してしまいます。

結局、そんなに嫌われているなら、やめればいい。そういう声が巨額の財政赤字を抱えるアメリカ国内からも上がるようになりました。

タリバンも、同じことを求めているのです。昔から、アフガニスタンは外国勢力による侵略を受けてきました。何千年も前から、あまたの帝国が頭上を通り過ぎていったのがアフガニスタンの地です。十九世紀には、中央アジアへの支配を強めるロシアと、インドの権益を守るためにアフガニスタンを手中に収めようとするイギリスが争いました。しかし、どちらもアフガンの地を支配することはできませんでした。二十世紀になって、今度はソ連とイギリスとがまたしても同じことを繰り返しますが、やはりアフガニスタンを手中にすることはできません。意外なことに、他のアジアやアフリカ諸国が植民地化されていた二十世紀の前半、第一次世界大戦が終わるころに、アフガニスタンはついにイギリスを排除して独立国となっていたのです。

冷戦の最後の時代、一九七九年にソ連軍が十年間にわたってアフガニスタンを侵略し、支配しようとしました。しかし、またしても最後には撤退を余儀なくされました。ほどなくソ連そのものが崩壊しましたから、ある意味では、アフガニスタンに手を突っ込んだことによって、ソ連という社会主義の大国は、その命を縮めたともいえます。

侵略した側の意図からすれば、アメリカは、ソ連とは違うと言い張るでしょう。しかし、侵略を受けてきた側からみると似たようなことなのです。アフガニスタンの人びとが、外国勢力をとにかく追い出そうとするのは、意図の問題ではなく、異物への生体反応というべき構造をもっています。しかもそれは、三千年にわたる歴史のなかで体得してきた反応なのです。アフガニスタンの人たちは、外敵が侵入すると必ず彼らが白旗をあげて出ていくまで戦いますが、その精神の根本は全く変わっていません。

ソ連は、南アジアへの橋頭堡《きょうとうほ》であり、中国から西へ抜けるルートのすぐ南にあるアフガニスタンを押さえておきたかったのでしょう。しかし、できませんでした。アメリカは、自国をテロの脅威から守るためにアフガニスタンを押さえたかったのでしょう。しかし、まず確実に、それはできません。

アフガニスタンで権力を握ってきたのは各地方に拠点を置く軍閥たちです。特に、北部にいるウズベク人、タジク人、ハザラ人などが中心となった北部同盟は強い力をもっています。いまは、カルザイ政権のなかに閣僚として地位をもっていますが、各々異なる民族に属しているうえに、土地としっかりむすびついて封建的な支配をしている連中です。嫌になれば、さっさとカルザイを見限って地元に帰ればよいのですが、いまのところ、カルザイ政権にぶらさがっていれば、アメリカを中心とするドナー（援助を与える国）からのお金が降ってきますから、それを掻《か》き集めているというところでしょうか。

カルザイ自身にしても、アメリカの傀儡《かいらい》として大統領に祭り上げられてしまったからには、同じように、侵略者からの資金を吸い上げて、できるだけ私腹を肥やさなければなりません。カルザイ政権の汚職問題は、つとに指摘されてきたことですが、そもそも外国がやってきては国を破壊し、その後にじゃぶじゃぶと金をつぎこんできたのがアフガニスタンという国です。もし、そんな国に生きていたら、誰でも、侵略者から搾れるだけの金を搾り取ろうとするのは当然です。頼んだわけでもないのに、ある日、外国軍が侵入し、家族や友人を殺してしまう。最近の爆弾やミサイルは、何の音も立てずに上空から降ってきて、一瞬にして、それまでの平安な生活を奪い取るのです。

カルザイ政権というのは、数の上では多数を占めるパシュトゥン人のカルザイと、人口ではパシュトゥン人よりも少ない民族を基盤とする各地の軍閥の寄せ集めです。タリバンは、最大の人口をもつパシュトゥン人のイスラーム急進派です。アフガニスタンでは、とにかく多数派のパシュトゥンを政権の中枢につけないと、国をまとめることができません。

ソ連軍が侵攻したとき、アメリカはこれに対抗させるために、神の戦士、あるいはジハードの戦士、すなわちムジャッヒディーンを養成して戦わせる戦略を立てました。お隣のパキスタンは、アメリカと密接な関係をもってきましたから、パキスタンの軍統合情報部（ＩＳＩ）とアメリカの中央情報部（ＣＩＡ）が協力して、イスラーム神学校（マドラサ）に学んでいた血気盛んな若者たちをムジャッヒディーンに仕立て上げました。これが、タリバンの原型です。

ムジャッヒディーンには、北部同盟の地方軍閥たちも加わっていました。ここでもうひとつ、考えに入れなければならないことが出てきます。ムジャッヒディーンのなかでも、軍閥系の戦士たちは、所詮、軍閥の手下です。しかも、北部地域はパシュトゥン人の地域ではありません。ウズベク系やタジク系の人たちが多いのです。

ムジャッヒディーンとして、ソ連に対して共に戦った戦士たちのなかで、パシュトゥン人は、北部同盟の軍閥の手下ではありませんでした。しかも彼らは、パキスタンの北西部とアフガニスタンの中南部とに分かれて暮らしてきた人たちです。どうして分かれたかというと、イギリスが、植民地として支配した英領インディア（パキスタンもはいります）の権益を確実なものにするために、勇猛果敢にイギリスに抵抗し続けたパシュトゥン人の地域に国境線を引いて分断したからです（第2章、七四ページ参照）。

そのため、逆に、パシュトゥン人たちは、現在のパキスタン側と強力な関係を維持することになります。イギリスが国境線を引いたところで、山岳地帯のパキスタン西部とアフガニスタン東部とは、いくらでも同じパシュトゥン人どうしが行き来しています。

だからこそ、アメリカと軍事協力関係にあるパキスタンの軍統合情報部が、パキスタン領内の、パシュトゥン人のイスラーム神学校の生徒をせっせとムジャッヒディーンに養成することになったのです。彼らは、ムジャッヒディーンのなかでも、正真正銘のジハードの戦士、すなわちタリバンになっていきました。

ムジャッヒディーンのうち、北方軍閥の配下にいた兵士たちは、ソ連が出て行ってからは、もはやソ連と戦う「ジハードの戦士」をやめて、元の軍閥の私兵に戻ります。彼らにとっては、従うべき道徳としてのイスラームは、もはやどうでもよいものになり、軍閥の首領たちの命令が絶対となってしまいました。

この軍閥系の私兵たちが、ソ連撤退後のアフガニスタンで、一九九〇年代の前半に、戦利品の略奪から始まって、民衆からの略奪、強姦《ごうかん》、殺人など、暴虐の限りを尽くしてこの国を破壊してしまうのです。

パシュトゥン人の仁義とイスラームが合体したタリバン

その惨劇に対抗するために、アフガニスタン最大の民族であるパシュトゥンは、イスラーム法を秩序の柱とするタリバンを国内に進撃させていきました。なかでも、パキスタンのイスラーム神学校で学んだ若き神学生（タリバン）たちは、秩序が崩壊し、あらゆる悪徳と暴力が横行していたアフガニスタンに、とにかく、秩序ある統治の体制を創りなおそうとしました。それが、厳格なイスラーム法による統治だったのです。

一九九〇年代の後半、今度はタリバンがアフガニスタンのかなりの地域を統治していきます。軍閥の支配下、影響下にあった村々には、タリバンがやってきます。村長に対して、イスラーム法の統治を受け入れるかを尋ねます。村長が受け入れれば、村は略奪から保護され、その代わり、イスラーム法による厳格な統治を施行しなければなりません。当時としては、北部同盟側の暴虐によって悲惨な状況にあった村々がたくさんありましたから、秩序を回復したタリバンに次々に同調していったのです。

タリバンがアフガニスタンを支配していった原因は、村人が厳格なイスラーム法による統治を、進んで希望したからではありません。その前の北部同盟時代が、あまりに酷《ひど》いありさまだったからにすぎません。

こんどは、イスラーム法から逸脱する一般の人たちをタリバンが厳しく罰しはじめます。タリバンといっても、たかだか神学校を出た若者たちが中心です。彼らの宗教上の指導者、ムッラー・オマルとその周囲には、高度な専門的学識をもつイスラーム法学者がひかえていました。しかし、地方の村々を巡回して、タリバンの統治を認めさせていった若者たちは、イスラームの学識について、あまりに、出来、不出来の差が激しかったのです。

出来のいい学生（タリバン）が行った村は、まっとうな統治ができましたし、イスラーム法のもつ寛容な側面が発揮されたでしょう。他方、多くの村にはイスラーム法学に未熟な出来の悪いタリバンが赴いて、生半可な知識で、つまりしばしばイスラーム法から逸脱した刑罰などを実施してしまいます。これが、ブッシュ政権から目の敵にされた、「タリバンの冷酷と暴虐の支配」なのです。

そんなことなど知らないアメリカ政府は、すべてをいっしょくたにして、アフガニスタンのタリバン政権はアメリカの敵、自由の敵と決めつけてしまいます。こうして、9・11の直後、オサマ・ビン・ラディンとアル・カイダを匿っていたタリバンが標的となったのです。

ここに、アメリカ最大の誤算が生じます。タリバンは、アメリカ人にも理解可能な民族主義運動の戦士ではありませんでした。民族主義の運動というのは、いずれは同じ民族が結びついて「国民国家」を創ろうという方向に進んでいくから、欧米諸国も結果を予測できます。自分たちと似たような国を創る方向に進むからです。

しかし、イスラーム主義を軸とするタリバンは、究極の目標を、純粋なイスラーム国家の建国に置いています。侵略者アメリカの傀儡であるカルザイ政権の打倒をめざすタリバンは、「アフガニスタン・イスラーム首長国」を名乗っています。九〇年代から指導者であったオマルというイスラーム指導者のもとに、イスラーム国家の樹立を叫んでいるのです。

タリバンには、カルザイ政権は、パシュトゥンの名誉を汚した裏切り者たちと、北部のヤクザ組織である軍閥とが野合した権力と見えているのです。おまけに、それを背後で支えているのはアメリカとその同盟国です。これは、パシュトゥン人が長い歴史のなかで体得した遺伝子ともいうべき、「異物排除」のターゲットと認識されます。だから、アメリカもNATO主導のISAFも、完全に体内から出ていくまで、タリバンの攻撃を浴び続けることになるのです。誰が生みの親であろうと、誰が育ての親であろうと、タリバンにとっては、どうでもいいことなのです。

この帰結を予想せずに、単にソ連と戦ってくれるなら何でもいいや、と安易にパキスタンでジハードの戦士を養成し、アフガニスタンに送り込んだアメリカは、あまりにこの地の宗教と文化を軽視していました。

いまのアフガニスタンの状況を、ヴェトナム戦争の泥沼に喩《たと》える人がいますが、これは正しくありません。ヴェトナム戦争のときにアメリカに歯向かった北ヴェトナムの解放戦線は、アメリカが育てたものではなく、アメリカとは敵対する共産主義者が育てたものでした。タリバンを育てたのはアメリカとパキスタンですが、それが、アフガニスタンにとって強力な免疫となり、異物アメリカとその同盟軍を、徹底的に叩《たた》き出そうとしているのです。

ここでもう一つ、タリバンの執拗《しつよう》さの源泉となっているパシュトゥン・ワリという概念について触れておきましょう。これは、パシュトゥン人の「仁義」というべきものです。「窮鳥懐に入れば猟師も殺さず」という日本のことわざがあります。これは、パシュトゥン・ワリの本質の一部をよく言い表しています。たとえ敵であっても、ひとたびパシュトゥン人の懐に飛び込んで助けを求めたならば、決して、敵に引き渡さないということです。

この「窮鳥懐に入れば猟師も殺さず」は、タリバンが、なぜオサマ・ビン・ラディンやアル・カイダを匿い続けたのかを、よく言い当てています。アフガン人に聞きますと、ほとんどの人はビン・ラディンを好きだったから匿ったのではないと断言します。同様に、アル・カイダを支持していたから匿ったのでもありません。彼らは、かつてタリバンが北部同盟と戦ったときに、タリバンを支援した戦士たちでした。その恩義に報いたのです。

パシュトゥン・ワリという、パシュトゥン人の原点、いわば彼らの民族アイデンティティの根幹をなす「仁義」は、ろくでもないテロリストであっても、かつての恩人であり、ひとたび庇護《ひご》を求めてきたからにはこれを最後まで守り通すという、パシュトゥン人魂そのものであると言えます。

これは、イスラーム的感覚とは違います。パシュトゥンという民族独自のものです。したがって、この強固な「仁義」とイスラーム法とが結びついているのがタリバンの本質ということになります。タリバン嫌いのアフガン人でも、パシュトゥン人である限りは、パシュトゥン・ワリを自らのアイデンティティの根幹だと意識しています。

こういう人たちだからこそ、外から入ってきた軍隊や支配者は、二度と生きて出られなかったのです。アフガニスタンから来た私のゼミの学生さんが教えてくれました。「アフガニスタンに侵入した国ならいくらでもある。しかし、無事に出口を探せた国はない」。侵略するは易《やす》し、されど撤退は悲惨を極める。これがアフガニスタンという国の「掟《おきて》」です。

イスラーム急進派というだけなら懐柔策も、和平工作もありうるのですが、絶対に異物と妥協しないパシュトゥン・ワリばかりは、どんな懐柔策でも崩せません。アメリカも同盟国も、早くこのことに気付くべきでした。

戦争と血の代償

ムスリムは、それまで敵同士であっても、相手の態度が変わると、わりと簡単にそれまでの敵意を捨てます。ただし、戦争によって、女性や子どもたちの命が奪われたことに対する賠償が必要だという認識は絶対に捨てません。

日本では、当然のことながら、命が金で買えるか、という怒りが噴出します。日本に限らず、アジアの非ムスリムもそうです。しかし、ムスリムの場合、意外なことに、血の代償という考え方がイスラームにあるために、たとえ殺人を犯しても、賠償によって償うことが可能とする考え方があります。その代わり、殺人事件の被害者が、血の代償の支払いによっていわば示談に応じない場合、同害報復といって、同じ殺人を被害者遺族がすることが正当とみなされます。

イスラームというと、よく「眼《め》には眼を、歯には歯を」の宗教だから野蛮だと言われますが、完全に意味を取り違えています。殺人事件というのは、イスラーム的には刑事事件ではなく、民事の事件なのです。日本や欧米では、刑事事件では、当事者（被害者や遺族）が報復することは許されません。すべて司法の場で裁判を通じて裁かなければならないことになっています。

しかし、イスラーム的にはこれはおかしなこととなります。なにゆえ、国家権力が、個人対個人の争いとその結果としての傷害や殺人に口を挟めるのか？　という疑問のほうを重視するからです。

今の日本では、たとえ一人の人間が理不尽に殺されたとしても、自動車事故なら傷害致死、飲酒運転など悪質な行為でも刑は重くなりますが死刑にはなりません。理不尽な殺人事件でも、被害者が一人だとなかなか死刑にはなりません。

裁判で、被害者や遺族が極刑を望んでも、検察官が、「量刑上無理だ」と言って、たとえば懲役二十年を求刑するというようなことは、よくあります。遺族の無念は想像するに余りあります。でも、法律論ではそうなのです。仕方がない、とされてしまいます。遺族は、あたりまえのことですが納得できるはずがありません。

その法律は、国家がつくったものであり、言い換えれば人間がつくったものです。人間がつくった法律ですから「人の法」です。そのため、国家が、殺人の裁きと刑罰を代行して行っていることになります。

一方、イスラームはこれを認めません。イスラームというのは、ムハンマドを通じて神（アッラー）が下したのですから、さまざまな規範は「神の法」なのです。先ほど書いたように、殺人というのは個人対個人の事案ですから、私たちの感覚でいう「民事」なのです。民事の事件は、賠償か、同害報復で解決するのが原理・原則です。つまり、公法で裁く対象にならないということです。イスラームが、身体に罰を科すと決めているのは、棄教、姦通、姦通の偽証、窃盗、飲酒、強盗だけです。

もちろん、実際にはコーランに示されているこれらの犯罪以外にもいくらでも犯罪はありますから、これらをもとに、解釈を広げて刑罰の対象となる罪を規定してはいます。しかし、刑罰の対象となる犯罪のなかに、強盗はあるのに、「殺人」はないのです。殺人というのは、個人対個人の、なんらかの諍《いさか》いから発展して起きると解釈していたのでしょう。だから、イスラームでは「民事」なのです。したがって、民事であれば、遺族や被害者が赦《ゆる》しを与えることもできますし、損害の賠償で償うことも可能になってきます。それを遺族が認めなければ、同じレベルでの報復、つまり犯人を殺害する同害報復が認められるということなのです。

ただし、現実のイスラーム世界の国では、イスラーム法で定められたとおりの刑罰を科すとは限りません。それは、世界で力をもっている西欧諸国との関係で、イスラーム世界といえども、西欧の法体系とイスラーム法とを接ぎ木している国が圧倒的に多いからです。ちなみに、棄教と姦通は石打ちで死刑、窃盗は手首、足首の切断、飲酒は鞭《むち》打ちが原則ですが、そんなことをしたら世界中から非難が殺到します。実際、これらの刑が執行されることもときどきありますが、欧米のマスコミは、鬼の首でも取ったように大騒ぎをしてイスラームが残虐だと書き立てます。非イスラーム国ともつきあわなくてはいけないので、イスラーム国家でも、必ずしも刑罰に関してイスラーム法を適用してはいないのです。

二〇一一年に、イランで一つの事件が起きました。夫の不倫相手の女性に硫酸をかけられて失明した女性についての司法判断です。イランはイスラーム法を国家の法としていますから、先に書いた刑罰を適用することになります。夫は、言うまでもなく、石打ちによる死刑です。姦通を認めているので、これは避けられません。

次に、不倫相手の女性ですが、まず相手の男性に妻がいることを知っていたのであれば姦通となり、彼女が独身だと鞭打ち刑になります。そのうえで、妻に硫酸を浴びせたという傷害の罪になります。これは殺人と同様、個人対個人の犯罪ですので、同害報復か、損害賠償となります。下級審は、同害報復を認め、不倫相手の女性に硫酸を浴びせて失明させる判決をだしました。イラン国内では、同害報復を残虐とみる批判はほとんどないようです。しかし、西欧の人権団体は批判を強めました。失明しただけでなく、顔そのものも無残に傷付けられた被害者である妻に、同害報復の権利があるとイスラームでは規定しています。妻は自分の四歳になる娘にその顔を見せることができません。

私は、このようなケースについて、イスラームを野蛮とか残虐とか非難することに反対の立場です。非イスラーム圏でも、死刑制度をもつ国は、被害者の報復を認めないにもかかわらず、国家が被害者に代わって死刑に処します。国家が犯罪と刑罰に関する一切の責任を負っているからですが、たとえば、政治犯のように、時の政府に逆らった人物を死刑に処すようなことがおきれば、それは国家が個人に報復しているのとなんら変わりません。

殺人事件での量刑は、もっと不可解です。極端な言い方をすれば、一人殺しても死刑にはなりにくいが、多数を殺害すれば死刑になります。なぜ、一人殺しただけでは極刑を科されないのでしょうか。とりわけ、日本のように終身刑の制度がない国では、無期懲役とはいえ、いつかは刑務所をでるチャンスも残されています。これは、基本的に、人間を更生させるという犯罪者に対する教育的配慮を刑罰に織り込んでいるからですが、被害者や遺族にとって、加害者が更生するかどうかなど、さほどの意味があるとは思えません。

一般に、西欧の法体系は、だんだん「人権」を重視する方向に変更されてきました。ギロチンによる斬首刑をうみだしたのはフランスとされています。フランス革命のときに、ルイ十六世や王妃マリー・アントワネットを斬首にしたのもよく知られています。しかし、そのフランスは死刑を廃止しました。EU加盟国はすべて死刑を廃止して、犯罪者といえども「人権」を重視すべきことを主張し、国家が死刑という残虐な制度に加担することを批判しています。

私は、その流れや変化を批判していません。しかし、その一方で、同害報復と血の代償を認める法体系をもつイスラームを野蛮と切って捨てることも正しくないと考えています。社会と人間とに課す規範の体系、すなわち法の体系そのものが異なっており、イスラームではそれを「神の法」としている以上、人間が勝手に変更できないからです。それを変えろというのであれば、イスラームという信仰体系から離脱しろと言わなければなりません。

西欧諸国は、長い教会との紛争を通じて、教会と国家を切り離す政教分離を進めてきました。現代では、信仰と国家も切り離しています。何を信じるかは個人の自由にまかされますが、司法判断のような国家の決定には、個人の信仰や宗教の規範（教え）は関与できないことになっているのです。西欧諸国では、近代化の過程で、宗教と国家を切り離していきました。ヨーロッパでもアメリカでも、近代化は進歩と受け取られてきました。簡単に言えば、昔より今のほうが「進んでいる」というのが前提です。

しかし、イスラームでは、昔より今が進んでいるという歴史観はありません。進歩史観といってもよいのですが、人間が、人間だけの理性や力で世の中を進歩させるなどという発想は、イスラームには微塵《みじん》もないということです。

同害報復と血の代償は、基本的に戦争についてもあてはまります。イスラームでは、女性と子どもを戦士として認めませんから、彼らは非戦闘要員として、戦時でも殺害を禁じられます。成人男子のムスリムは、信徒共同体の存亡の危機にあたっては全員が戦士になりますから戦闘要員です。信徒の共同体を破壊する敵と戦うことは、ジハードです。そのため、賠償の意味が違ってくることになりますが、女性と子どもについては、「戦争なんだから殺されても仕方ない」と考える余地がまったくありません。

だから、ムスリムは、どこであれ、女性と子どもが犠牲となる戦争を断じて許さず、激しい怒りに駆り立てられることになるのです。アメリカも、最近になってようやく、アフガニスタンやイラクで戦争をしたことが、かえってイスラーム過激派を増やしてしまったということに気づいたようですが、その原因は、ここに書いたイスラーム的な犯罪と被害者の原則に基づいているのです。

アフガニスタンでタリバンが復活し、猛威を振るっていることをアメリカも同盟国もひどく憂慮して、なんとか彼らを掃討しようと戦いを続けています。しかしこれは失敗します。女性や子どもを殺害するというイスラーム的に非道な行為を続けたうえに、パシュトゥン・ワリによる団結と仁義がタリバンを外国軍兵士の抹殺へと向かわせているからです。

アメリカが、二〇〇一年にあっという間にタリバン政権を倒したとき、血の代償を支払っていれば、ここまで泥沼にはまることは決してありませんでした。イラクでも同じことです。考えてもみてください。年間一〇〇〇億ドルもの戦費を費やすくらいなら、賠償金の方がはるかに安かったはずですし、いつまでもアメリカ兵が命を狙われることもありませんでした。支払わなかったために、殺人を解決する残された唯一の方法、すなわち、同害報復を続けるしかタリバン側には選択肢がないのです。彼らは、神の法たるイスラームにしたがって戦闘をしているのですから。

アフガニスタンの人びとをタリバンのようなイスラーム過激派から救って自由で民主主義の国家にしてやるんだ——アメリカ的には崇高な理念かもしれませんが、ムスリムには大きなお世話でしかありませんでした。相変わらず武器をもって女性や子どもや一般市民を殺し続けるかぎり、絶対に、アフガニスタンに平和をもたらすことはありません。日本に対してしたように、核兵器を使ったとしても、あるいは都市を焼き尽くしたとしても、絶対に無理なのです。かえって、全世界のムスリムが、タリバンに代わって、アメリカのどこかで9・11と同じか、それ以上の暴力で報復するだけのことです。

オバマ政権の理想主義

アメリカは、ブッシュ政権からオバマ政権にかわったことで、対イスラーム圏政策を大きく変えました。オバマ大統領は、就任直後の二〇〇九年、トルコとエジプトを相次いで訪問しています。特に、なにかの国際会議とは関係なく一つの国を訪問した最初がトルコだったことは、イスラーム世界との関係改善を強くアピールするものでした。

トルコの国会で（二〇〇九年四月六日）、オバマ大統領は言いました。「アメリカの繁栄を多くのムスリムが支えてきました。アメリカ市民には、ムスリムも多いし、ムスリムを家族にもつ人も多いのです。私はそのことを知っています、なぜなら私自身がそうなのですから」。

聞きようによっては、オバマ大統領は自分がムスリムの家族の出身だと言っています。彼の父方がケニア人でムスリムであったためです。大統領のフル・ネームは、バラク・フセイン・オバマです。フセインという名前はイスラームと縁の深い名前です。しかし、アメリカに滅ぼされたイラクの独裁者、サッダーム・フセインの名前にもふくまれているので、アメリカではバラク・オバマとだけ言うことが多いようです。

そして、アメリカ政府はイスラームに対して一切敵対しないことを明言しました。アメリカ政府の敵として名指ししたのはアル・カイダだけです。パレスチナのハマスは、ブッシュ政権ではテロ組織として非難を受けてきましたが、オバマ大統領はそうは言いませんでした。タリバンも敵として登場しません。アル・カイダを敵視してもタリバンを敵視しなかったことは、アフガン問題を前進させるうえで重要な政策変更でした。前のブッシュ政権は、アル・カイダを匿っているからタリバンも敵だと決めつけたのですが、オバマは、ある程度、パシュトゥン・ワリを理解していました。仁義を守ってアル・カイダを匿ったことについては、不問に付したとも言えます。

エジプトでの演説（カイロ大学、二〇〇九年六月四日）では、もっとはっきりイスラームとの融和を訴えています。それは、彼がコーランを引用していることから明らかです。引用したのは、「一人の人間を殺すことは、あらゆる人間を殺すことであり、一人の人間を救うことはあらゆる人間を救うことだ」という一節と、「神を意識せよ、真実を語れ」という一節です。コーランというのは、神がムハンマドを通じて全人類に下した啓示（メッセージ）ですから、すなわち神の言葉です。ムスリムにとっては、どんなに時代が変わろうとも、このコーランの章句の解釈を変えることはできません。

その絶対的な重要性を考えると、オバマ大統領は、イスラーム的な価値や倫理規範を受け入れたと表明したことになります。アメリカ国民と政府が、そう思ったかどうかは別ですが、ムスリムがこの演説を聞くと、確実にそう理解したはずです。カイロでも、大統領はイスラームと敵対しないと繰り返しています。それだけでなく、西洋文明の基礎をつくったのはムスリムだったと、えらく持ち上げています。

しかし、オバマ政権は、大統領の理念と現実とのあいだで揺れることになります。二〇一一年、一期目の任期があと一年となったころ、共和党の大統領候補たちは、経済的な力をもつ国内のユダヤ・ロビーの力を借りようと、次々にイスラエルを支持すると公言し始めました。大統領選があるたびに起きることなのですが、今回は、オバマ大統領がイスラーム世界との融和演説を掲げて外交デビューしているため、反オバマ・キャンペーンとしてイスラエルを擁護するものになりました。

矛先は、核開発を続けるイランです。イランが核兵器をもつことをもっとも恐れているのはイスラエルだからです。イランが核開発を続けるなら戦争も辞さないという共和党候補からの発言に、オバマ政権もイランに対する経済制裁の発動に踏み切ります。アメリカの国内政治としては、そうせざるをえないのですが、これは危険な方向転換です。もしも、アメリカが、またしても世界の警察官を自任してイスラーム世界に戦争を仕掛けるようなことがあると、欧米とイスラームの緊張関係は、いよいよ抜き差しならないレベルに達するでしょう。

もう一つの矛先はパレスチナです。二〇一一年、国連機関で画期的なできごとがありました。ユネスコ（国連教育科学文化機関）が、パレスチナの正式加盟を承認したのです。国連本体では、安全保障理事会の常任理事国であるアメリカが反対しているので、今のところ正式加盟国になれません。しかし、ユネスコへの加盟は、安保理の判断を待つ必要がなく、総会では、賛成一〇七か国、反対一四か国、棄権五二か国という投票結果でパレスチナの加盟を認めました。もちろん、アメリカは反対でした。日本やイギリスは棄権しています。

さっそく、アメリカとイスラエルは猛反発しました。アメリカは八〇〇〇万ドルあまりのユネスコへの拠出金を引き上げると主張していますから、そうなると、世界遺産の認定や保護で知られるユネスコの活動は危機に瀕《ひん》します。注意したいのは、この決定がオバマ政権下でなされていることです。オバマ大統領は、イスラエルとパレスチナの和解に向けて努力することを表明していました。

就任当初に打ち上げた融和策が、非常に新鮮で大胆なものであっただけに、任期が終わりに近づくにつれて方向転換していくことは、ムスリムの期待を裏切る結果を招いています。理想と現実とのあいだで難しい選択を迫られていることは理解できるのですが、抑圧を受けてきた人びとの側からみると、裏切られたことへの悲しみと怒りは大きなものになってしまいます。

第7章　ヨーロッパとイスラーム

公的な場でのスカーフ・ヴェールなどの着用を禁止する法律に抗議する女性たち（AFP＝時事）

暴力を厭《いと》わないヨーロッパ

イスラームとどう向き合うかを考えるとき、もっとも気が重いのがヨーロッパのイスラームに対する態度です。なぜ、気が重いかと言うと、もっとも、ストレートな反イスラーム感情が噴出するからです。しかも、反イスラーム感情が正当なものだと言い張る傲慢さを備えているからです。

ヨーロッパといっても、この場合問題になるのは西ヨーロッパです。一九九〇年代まで、社会主義体制にあった東ヨーロッパには、移民がほとんどいませんでした。イギリス、フランス、ドイツ、オランダなど西ヨーロッパの先進国は、一九五〇年代の末から移民労働者を受け入れてきましたが、そのなかに、ムスリムがかなりいました。ですから、西ヨーロッパ諸国で、イスラームはすでに第二の宗教となったとも言われます。それに対して、東ヨーロッパ諸国は冷戦時代に他の国から人を入れない政策をとっていましたから、結果としてムスリムの移民も少ないのです。

さて、西ヨーロッパですが、昔からイスラーム嫌いの風潮はありました。まずは、遠い中世の十字軍遠征です。教皇の名で十字軍を派遣して、聖地エルサレムを奪回しようとしたのです。エルサレムは、当時、セルジューク朝とファーティマ朝という二つのイスラーム王朝が支配を競っていましたが、第一回十字軍（一〇九六―九九年）によってキリスト教徒側の支配となります。このとき、エルサレムに住んでいた東方教会のキリスト教徒たちも十字軍によって弾圧を受けています。十字軍というのは、ヨーロッパのキリスト教徒が、東方に攻め込んで、ムスリムだけでなく、東方のキリスト教徒やユダヤ教徒も討伐する結果となっているのです。

第二回以降は、ほとんどムスリム側に勝利することができず、第三回十字軍（一一八九―九二年）では、イスラーム側の英雄サラーフ・アッディーン（サラディン）によって撃退されます。第四回十字軍（一二〇二―〇四年）にいたっては、コンスタンティノープル（現在のイスタンブール）を都としていた東ローマ帝国のキリスト教徒（正教徒）を攻撃し、略奪と暴虐の限りを尽くしたと伝えられています。

最初の十字軍が、教皇ウルバヌス二世による聖地奪回の宣言に端を発しているので、キリスト教ヨーロッパにとっては「聖戦」の名目が立てられていました。確かに発端は、宗教的な戦争ではありますが、参加しているヨーロッパの諸侯たちにとっては、途中からそれは、ヨーロッパが強大な力を持って東方世界を侵略し支配するための戦争になっていったようです。ムスリム側は、定期的に西方の蛮族が襲来すると思っていたことでしょう。

しかし、十字軍がキリスト教徒に対してさえも略奪や殺戮《さつりく》を繰り返したことは、教皇のキリスト教会が暴力的で好戦的だったというよりも、キリスト教化したヨーロッパが、ひどく暴力的な性格をもっていたと言うべきかもしれません。中世以来、ヨーロッパでは多くの領主や王が、自分の領土をもち、それを拡大しようとしては戦争を続けていきます。そのこと自体は、二十世紀に二度の世界大戦の舞台となるまでつづきます。

EU（ヨーロッパ連合）という地域連合を作ろうという最初のきっかけには、二度とヨーロッパを戦争による焦土としないという決意がありました。その決意は正しいと思うのですが、そのことに気づくまで千年以上かかっています。理性や合理主義を創りだすことにヨーロッパ世界は重要な貢献をしましたが、半面、あまりにも好戦的で、人命を犠牲にすることを厭《いと》わない別の顔をもってきたことにも注意を向ける必要があります。

不平等下での共存

さて、その次のヨーロッパ vs. イスラームの大きな争いは、イスラームの大帝国となったオスマン帝国がヨーロッパに領土を拡大していく過程で起きました。これも長い歴史ですから、重要な戦争だけを取り上げると、十六世紀（一五二九年）と十七世紀（一六八三年）に二度にわたって、ウィーンを包囲するところまでいっています。

第一回は、スレイマン一世が、ハプスブルクの主だった神聖ローマ皇帝カール五世と戦い、ハンガリーを支配下におさめたうえウィーンまで到達したときのことです。結局、ウィーンは陥落せず、オスマン帝国軍は引き返します。しかしこのとき以来、バルカン半島の多くの地域がオスマン帝国領となりました。

第二回は、オスマン帝国衰退の大きなきっかけとなります。時のスルタンはメフメト四世ですが、オスマン帝国も第十九代のスルタンともなると、前回のスレイマン一世のようにトップが自ら先頭を走るようなタイプではなく、宰相にまかせて版図の拡大を図っていました。しかし、この侵攻は失敗し、ハプスブルクやポーランド、ヴェネツィアなどが加わる神聖同盟の連合軍に敗れます。一六九九年には、ハンガリーの領土をハプスブルク家に割譲するカルロヴィッツ条約を結ばされるはめになり、オスマン帝国は一気に衰退に向かっていくことになりました。

バルカン半島を中心にオスマン帝国は領土を広げていったのですが、そのことだけをみると、十字軍の遠征のような暴力的な侵略をイスラーム帝国の側もやっていたようにみえます。

しかし、統治の仕方はヨーロッパと大きく異なるものでした。事実からいえば、いまでも、バルカン半島の国々には、その土地の民族が暮らしていますし、キリスト教会もオスマン帝国の支配を受ける前のまま残っています。ブルガリアには、ブルガリア語を話すブルガリア正教徒がいますし、ギリシャにもギリシャ語を話すギリシャ正教徒がいます。バルカン半島の地域は正教徒の多いところですが、オスマン帝国は侵略の過程で、十字軍のように殲滅《せんめつ》を図ったり追放したりせず、そのまま生活することを認めています。そのかわり、人頭税を徴収したのです。イスラーム帝国の支配は嫌だということになれば戦いになりますが、そうでない限りは、安全が保障されるというものです。これが、イスラーム的な統治の根本です。

イスラーム法では、ムスリムからは租税を徴収できません。ムスリムが差し出すのは、原則的に喜捨です。もうけの一部を神に差し出すというのが喜捨ですが、これには、一定の割合で収める定めの喜捨（ザカート）に加えて、任意・随意の喜捨（善行）となるサダカがあります。一方、他の一神教徒は、ジズヤと呼ばれた人頭税を支払うことで、ムスリムとの共存を認められたことになります。征服した地域からの税収をあてにしていたオスマン帝国は、暴力的に異教徒を滅ぼしては元も子もありませんでした。

西欧では、長いことイスラーム帝国の支配を「剣か、コーランか」という言葉で表現しました。つまり、征服しに来たイスラーム軍は、あくまで戦うか、それとも強制的に改宗を受け入れるかを迫ったという意味です。しかし、そのようなばかげたことをしたら、異教徒を支配する意味がなくなります。改宗されてしまったら税金を徴収できません。それに征服された地域のほうも、税金だけで済むのならそちらを選択するケースが多かったのです。

もちろん、ハプスブルク家をはじめ、ヨーロッパの王や諸侯のほうは、自分たちの統治権が奪われるのですから、イスラームの野蛮な侵略をさかんに言い立てます。しかし、イスラーム帝国側は、王や諸侯よりも、税収に関心があったので、住民が従うなら、彼らの民族的アイデンティティや宗教的アイデンティティには抑圧を加えなかったのです。言語についても、同じです。この点は、イスラームについて誤解されている重要なポイントです。前にも指摘したように、イスラームという宗教は押し付けがましく、他人に信仰を強制するというのは誤りです。ムスリムは一般に異教徒の他人が何を考えていようが、こだわりません。ただし、異教徒の方が敵対的な態度をとらないかぎり、の話です。

今のバルカン半島諸国をみればすぐにわかりますが、ギリシャ、ブルガリア、ルーマニア、旧ユーゴスラヴィアなど、各民族の言語や宗教的伝統は残っています。教会をはじめとする歴史的建造物も、べつに、オスマン帝国支配下で破壊されてはいません。

中東に根付く共存の知恵

東のアラブ地域に眼《め》を向けても同様です。シリアやレバノンなどは、オスマン帝国の領土でしたが、そこにはキリスト教徒やユダヤ教徒がいます。彼らにとって発祥の地ですから、当然です。そこに、イスラームのオスマン帝国が入ってきたわけですが、彼らは根絶やしにされてはいませんし、改宗させられることもありませんでした。いまでも、シリアのダマスカスやアレッポには、ギリシャ正教、シリア正教、ギリシャ・カトリック（ギリシャ語でミサは行いますがローマ教皇庁に所属）、アルメニア正教などなど、たくさんのキリスト教の宗派の信徒が暮らし、教会も残っています。

それどころか、オスマン帝国のおひざ元、イスタンブールにも、キリスト教会やシナゴーグ（ユダヤ教の会堂）が残っています。カトリックの人たちは十二月二十五日にキリスト降誕祭（クリスマス）を祝い、正教徒の多くは一月の初めに祝います。しかし、キリスト降誕祭にムスリムが敵意を向けることなどありません。

たしかに、オスマン帝国が一四五三年にイスタンブールを征服するまで、そこはビザンツ帝国（東ローマ帝国）の首都コンスタンティノープルでした。征服の際に激しい戦闘があったことは事実ですし、多くのキリスト教徒が命を落としました。しかし、オスマン帝国の統治を受け入れた後は、キリスト教徒もユダヤ教徒も、ムスリムと共存してきたのです。

一度、イスタンブールの首席ラビ（ユダヤ教の指導者）と会ったことがあります。そのとき、彼は、ムスリムと共存することに何の問題もないと強調していました。ラビはトルコで生まれ育っていますから日常会話はトルコ語でした。ユダヤ教のラビというと、何やらひどく堅物そうなイメージを持ちやすいですが、彼は、えらく威勢の良い人で、他の宗教との共存について、共存の歴史のほうがはるかに長く、共存のほうがあたりまえなのだと力説していました。

いささか驚いたのは、イスラエルなどというユダヤ人国家をつくったのは時期尚早だったと断言したことです。しかしそれもユダヤ教の教義に照らせば、ある種、当然の主張なのです。ユダヤ教では、この世が終末をむかえ、最後の審判が神によってなされた後に、ユダヤ教徒たちの王国が地上に出現するといいます。ラビもそのことを指摘し、「考えてもみよ、いまだこの世の終わりなんぞ来ちゃいない。なのに、先走ってイスラエルという国家などつくるから、諍《いさか》いが起こるんじゃ」というのです。彼は、イスラエルという国家をユダヤ人にとって絶対的存在とは見ていないのです。それどころか、ユダヤ教の神聖な教えをねじまげた政治家たちがつくりだした国にすぎないというのですから、私も驚きました。ラビはこうも語っています。「だいたい、ユダヤ教とイスラームには、ずいぶん共通性があるんじゃ。割礼もそうだし、食物についての禁忌をもつことも似ておる。私たちは、イスラーム社会のトルコに生きとっても、何の不都合もない」。

中東の地に生きているユダヤ教徒には、イスタンブールのラビと同じ意見の人が多いそうです。もちろん、トルコやアラブ諸国に生きているユダヤ教徒は、政治的な理由からイスラエルの肩を持つのが難しいはずですから、このように言う傾向もあるでしょう。しかし、もともと、二千年以上にわたって、西アジアに暮らし続け、キリスト教やイスラームが誕生してくるのを横目で見ながら、一緒に共存してきたのです。中東の地に生きるユダヤ教徒は、ムスリムと同じように、異なる宗教との共存の知恵をもっていたのです。

イスラエルや、それを支えるアメリカは、少し、共存のなかに生きてきた中東のユダヤ教徒の声も聴くべきではないでしょうか。疎外と虐殺のユダヤ史は、そのとおりですが、それに長年加担してきたのは中東の人びとというよりも、むしろヨーロッパの人たちであったように思えます。彼らはキリスト教徒ですが、やはりそれは、極端なまでに西欧化したキリスト教徒たちだったことに注目する必要があります。

中東から見るアルメニア問題

トルコやシリアにいるキリスト教徒も、ムスリムとの共存について、まったく同じ見解をとります。イスタンブールで、アルメニア正教の指導者とも会って話したことがあります。アルメニアとトルコというと、一九一五年から一七年にかけて、いまのトルコがあるアナトリア半島からシリアやギリシャに追放されたときの悲劇が今も政治問題となっています。そのころに「大虐殺」があったとアルメニア人側は主張しています。「大虐殺」を世界に認めさせようと強く主張しているのは、コーカサス地方にある小国のアルメニア共和国ではなく、全世界に散らばったアルメニア人たちです。

アメリカやフランスには、この第一次大戦のときの悲劇から逃れた多くのアルメニア人がいまでも住んでいます。彼らからみれば、トルコは憎んでも憎み切れない「虐殺」の加害者の末裔《まつえい》ということになります。

多くの人が、アナトリア半島から追放される際に犠牲になったことは間違いありません。犠牲者の数そのものは、人の命の重さを考えると、多いか少ないかで測るべきではありませんが、アルメニア側には三〇〇万が殺されたという主張もあり、一方のトルコ側はいまだに組織的虐殺はなかったと主張しています。両者の主張はあまりに隔たりが大きく、いったいどれくらいの犠牲者がでたのかを説明するのは難しいのが実情です。

この問題、おもに第一次大戦の最中の事件（十九世紀の後半からアルメニア人が犠牲となる事件は多発）なのですが、その当時、トルコを統治していたのは、形式上はオスマン帝国政府でした。しかし、もう崩壊寸前（一九二二年に滅びた後、トルコ共和国が一九二三年に成立）でしたので、実際には、エンヴェル・パシャをはじめとする軍人が実権を握って、第一次大戦にドイツ側について参戦していました。彼らが、ロシアと共謀してオスマン帝国の寿命を縮めようとするアルメニア人たちの策謀を封じることを理由に、彼らを一斉にシリア沙漠に追放しました。これは間違いなく事実です。問題はその過程で、途方もない数の人びとが犠牲となったことが、国家による組織的虐殺といえるかどうかにあります。

現在のトルコ共和国は、過去のアルメニア問題について、ヨーロッパ諸国やアメリカから厳しく非難を受けてきました。フランスは、アルメニア人虐殺を「歴史的事実」とする国会決議を行い、これを否定する者は、ユダヤ人虐殺がなかったとする人と同じように処罰するという法案を制定しようとしてきました。アメリカの下院でも外交委員会が、アルメニア人虐殺を歴史的事実と認定する決議をしています。

しかし、トルコ共和国の人たちからみると、前身のオスマン帝国を侵略し、支配をたくらんでいたヨーロッパ諸国が、この地域の民族のあいだにくさびを打ち込み、共存の歴史を破壊して憎しみに変えてしまったことが原因なのです。しかも、オスマン帝国が崩壊した後、トルコ民族が自力で侵略者のヨーロッパ（イギリス、フランス、ギリシャなど）と戦い、独立を勝ち取ったのですから、侵略者に非難されるいわれはない、と思っています。

そして、フランスやアメリカの議会が「虐殺」を認定するということは、この問題がいまだにフランスやアメリカで政治的な意味をもっていることを示しています。政治的意味とは、アルメニア人たちの経済的、政治的支持を集めることです。実際、アメリカではカリフォルニア州でアルメニア系の団体が力を持っていますので、大統領選挙など大きな政治的イベントでは、必ず、アルメニア問題が持ち出されます。オバマ大統領も、アルメニア人「虐殺」のメモリアル・デーに際して、それまでの大統領と同様に追悼の書簡を出しましたが、彼は、虐殺＝ジェノサイドという言葉を使わず「悲劇的できごと」と表現しています。

オバマ大統領も、カリフォルニアでのアルメニア系市民の支持を失いたくはなかったでしょう。しかし、彼は、前に述べたように、イラク戦争やアフガニスタン侵攻の後始末という厄介な課題に直面していました。そのため、トルコ政府の協力を得ることが必要で、トルコ政府が強く抵抗する「虐殺」という表現を使いませんでした。

トルコ政府は、この問題に対して「冗談じゃない」と激しく反論します。その根拠は、いまのトルコ共和国は、当時のオスマン帝国とはまったく無縁の新しい国家であること、それに前身のオスマン帝国を滅亡に追い込んだヨーロッパやロシアは、キリスト教徒であるアルメニア人の保護を口実に侵略してきたことです。そもそも第一次世界大戦で負けそうになっている混乱のなかで軍閥のリーダーが引き起こしたアルメニア人の追放は、国家を挙げて組織的に虐殺を行った場合に言う「ジェノサイド」の定義にも当てはまらないというものです。

組織的虐殺の有無については、きちんと歴史学的に実証しなければなりませんが、当時は、すでにスルタンの統治能力はほとんど失われ、軍閥のエンヴェル・パシャらがオスマン帝国を第一次大戦に引きずり込んでいました。その状況で、軍部の指示で起きた大規模なアルメニア人追放と殺戮です。そうはいっても、エンヴェルも帝国の軍人だったのですから、やはりオスマン帝国の関与は否定できないでしょう。

オスマン帝国とトルコ共和国はまったく別の国家という点については説得力があります。日本にたとえて言うなら、徳川幕府によるキリシタン弾圧を、いまの日本政府が責められるのと似ているからです。徳川幕府の日本といまの日本を同列に扱われても困るでしょう。まったく別の国家といってよいほど、国家のつくりが異なるからです。

オスマン帝国は文字通り帝国として、異民族を統治してきました。イスラーム的統治は、異民族であっても、異教徒であっても、不平等下で共存を承認するのですが、時期が悪かったのです。時あたかも、イギリス、フランス、ロシアなどがオスマン帝国の領土を次々に分割していくさなかでした。いまのトルコがあるアナトリア半島でさえ、実際、第一次大戦後すぐに結ばれたセーブル条約（一九二〇年）では、ずたずたに切り刻まれてヨーロッパ列強諸国の支配下に置かれるところでした。

そういう状況下ですので、アルメニア人たちのあいだに、ロシアを後ろ盾として自らの独立を達成しようという民族主義が高揚したことも当然です。同時に、トルコ人の側にも、国土が次々と切り取られていく状況下で、ヨーロッパ諸国へのレジスタンス（抵抗運動）が起きていました。両者が、もともと共存してきた土地で激しく衝突したところに、アルメニア人の悲劇が起きたのです。悲劇を倍加したのは、後ろ盾となるはずのロシアが革命で混乱に陥り、アルメニア人のなかにも共産主義者とそうでない人たちの対立が生まれてしまったことです。

さて、この問題について、いまイスタンブールにいるアルメニア正教の指導者は、問題を蒸し返すこと自体、迷惑だと吐き捨てるように私に言いました。彼の説明は次のようなものです。当時、オスマン帝国から独立しようとして排除されたアルメニア人というのは、「民族主義者」ではあったが、古代からアルメニア人たちを結びつけてきた絆《きずな》であったキリスト教とは無縁の人だというのです。アルメニアは、三〇一年にはキリスト教を国教とした歴史をもっています。一九一七年に起きたロシア革命で共産主義に共鳴した人たちや、ヨーロッパが持ち込んだ民族主義に傾倒していた人たちが、独立運動に参加し、結果として、オスマン帝国の延命を図ろうとしていた軍部によって、追放され、虐殺される悲劇を招いたというのです。つまり、教会からも、キリスト教の信仰からも、切り離されてしまった「民族主義者」たちが、民族の大衝突に巻き込まれたという解釈です。

この解釈にしたがうと、キリスト教から離れて、民族主義に傾斜したからこそ、虐殺の悲劇にあってしまったと聞こえます。

民族主義は当然のものか？

この点は、ヨーロッパがイスラームとどう向き合ってきたかを考えるときに、重要なポイントとなります。民族主義というのは、言語や伝統などを絆として、同じ民族に属しているという意識をもつべきだ、という主張に帰着します。しかし、こういう民族の意識というのは、中東・イスラーム世界では、ヨーロッパによる植民地支配を経験するなかで、ヨーロッパから入ってきたものです。

イスラーム世界でも、アラビア語を話す人びととトルコ語を話す人びとが、違う集団であることは認識していたのですが、そのことは、あまり重要な意味を持たなかったからです。イスラームでは、私たちがいう「民族」は、あまり重要ではないのです。

さきほど、アルメニア問題について追及されると、トルコ人が不快感をあらわにすると書きましたが、最近は少し事情がかわってきました。トルコ人のあいだでも民族主義が恐ろしく強かったころには、トルコ民族主義vs.アルメニア民族主義のぶつかり合いになりますから、双方ともに罵り合いです。しかし、最近、イスラームへの回帰を強める人たちが増えてくるにつれて、悪いのは、民族と民族を争わせてきた民族主義そのものだ、と主張する人が増えています。イスラームに帰依することによって、争いの種になる（西欧から輸入された）民族主義などに心を奪われずに済むようになる、と考えるようになってきたのです。

国民国家という固い枠組みはムスリムにとって窮屈に感じられるようになってきたのが、ここ十年ほどの変化です。十九世紀以来、何が何でも西欧のまねをして国民国家を創らなければならないという強迫観念のようなものが、中東・イスラーム世界にもありました。しかし結果は、難しいものでした。二〇一一年に相次いで民主化運動が起きたことからわかるように、イスラーム世界のどの国をとっても、民族で国民をつくりだすという国民国家の理念は難しい問題を抱えてきたのです。

私たち日本人には意外に感じます。民族主義が消えてしまうということは、西欧の人たちにも、日本人にもなかなか理解できません。

しかし、よく考えてみましょう。日本人も、江戸時代まで、ほとんどの人は「日本人」という民族だとは自己認識していなかったはずです。何々村の何兵衛《べえ》さん、だったはずです。武士たちのアイデンティティの基本も、何々藩の何家の誰、というところまででしょう。一部の学者や、長崎から入ってくる世界の動向に通じていた役人を除けば、当時の日本人のアイデンティティ、つまり帰属意識の基というのは、日本民族でも日本という国家でもなかったのです。

ヨーロッパ、ロシア、そしてアメリカが開国を迫ってきたのち、徳川幕府による統治が終わり、明治政府による近代国家建設が始まります。そのとき、突如として、日本人を日本民族（大和民族）から成る国民に仕立て上げるという一大国家プロジェクトが始まったのです。天皇制は、日本国民という意識を人びとに植えつけるうえで重要な意味をもちました。西欧化による近代化をたいへんな勢いで開始し、軍事力を蓄え、経済力を向上させていきます。しかし、それだけではなく、近隣諸国を侵略し、支配することで、日本の民族意識に優越感という恐るべきエネルギーを与えてしまいます。

十九世紀の半ば以降、アジアやアフリカの国々が軒並みヨーロッパ列強諸国に支配されていく中で、近代国家へのキャッチアップの素早さは特筆すべきことでした。しかし、それはみごとに、ヨーロッパ列強が力でアジアやアフリカを蹂躙《じゅうりん》したのとおなじ結果を招いていったのです。

この民族意識というものと、宗教は、どういう関係にあるのでしょう。日本の場合、天皇制を巧みに結び付けて、神道を国家の宗教であるように見せていきます。明治政府は、神道を事実上、国教化していきます。その影で、キリスト教や、仏教、新しく誕生した宗教は厳しい弾圧にさらされました。特に、戦争との関係で靖国《やすくに》神社や地方の護国神社に特権的な地位を与えたことは、第二次大戦後になっても長いこと議論が続いてきました。しかし、これも明治になってから、急いでつくりだした制度ですから、広く民衆のあいだに根を下ろすというところまではいきませんでした。

神道は、天皇家と神とを結びつけるために、古代以来、天皇家が万世一系の血筋にあるという神話を国家制度のなかに組み入れました。しかし、日本の神々は、一神教の神のように、神自身が、広く人類に啓示を与えるというような性格にはなれません。多神教ですから、神がつかさどる領域が分散してしまいます。『古事記』の神々が、何かに怒ったり、喜んだりしたエピソードは、あくまでエピソードとしてしか記憶されず、日本国民としての行動規範を与えることはできませんでした。それらは、大日本帝国が天皇を頂点とする国家であることに正統性を与えるための神話であり、神々に過ぎなかったということです。

日本では、近代国家を創ろうとするときに、国家が特定の宗教（神道）を利用して、民族主義の高揚をはかりました。これは、ヨーロッパとは逆のプロセスになっていることに注目する必要があります。ヨーロッパでは、近代以降、民族主義が高まるにつれて、教会の権威は失われていきます。つまり、宗教から離れていくのと、民族主義が高まっていくのが、並行して進んでいきました。日本では、近代化のプロセスで、神道の国教化を進めたことになりますが、これでは、どうもうまくいきません。

日本の場合も、近代国家として生まれ変わるには、西欧の文明を導入せざるをえませんでした。その西欧文明というのは、中世のキリスト教文明ではなく、近代になってキリスト教会の力が衰えた後に栄えた近代の西欧文明です。近代西欧文明というのは、前に書きましたように、キリスト教から離れていく過程で生み出された科学や啓蒙《けいもう》思想が基本にあります。それなのに、近代西欧文明が宗教から分離していったことは封印したうえで積極的に受容し、天皇を頂点とする神権国家をつくるというのは、ずいぶん無理なプロジェクトでした。戦前の段階で、すでに無神論から社会主義まで日本に入っていたのですから、国家がいかに弾圧しようと、社会には宗教から離れることを前提にした思想がかなり浸透していたはずです。

第二次大戦後、戦勝国側は、明治以来、国家が神道に特権を与え、しかも日本のアジアへの侵略や戦争にも神道を利用したことを厳しく批判しました。その結果、新憲法では、個人の信教の自由を高度に認め、逆に厳しく政教分離が定められ（憲法第二〇条、第八九条）、国家による宗教への干渉や特権の付与も、宗教による国家への関与もできなくなりました。

あっという間に、神権国家としての日本は崩れ去ります。多くの国民にとって、神道は、初詣でや七五三、それに結婚式ぐらいにしか出番がなくなります。つまり、季節の行事、人生の節目ごとに、神様に幸せを祈願するときにしか用はありません。戦後こうなったのは、やはり、明治になって、突然、神権国家にして近代国家の日本を創ろうなどという無理なことをしたためでした。

第二次大戦後、日本人にとって、宗教というのは、かなりの程度まで個人の選択にまかされるようになります。個人の帰属（アイデンティティ）に宗教が強い役割を果たすことはもちろんありますが、それは、何らかの理由で、その人が特定の宗教を選び取っている場合が多い——それが日本の特徴です。そして、個人の信仰は、憲法で守られています。

日本の場合、憲法で定められた政教分離が争点となったのは、多くの場合、国家が特定の宗教に対して援助をしたことが疑われるケースでした。この場合、宗教とは神道のことで、なかでも靖国神社が争点となりました。これは、戦前の国家による神道の利用に対する反省が問われてきたからです。

一方、個人が宗教的な信条をおおやけの舞台に持ち込んでも、それが政治的な圧力を行使するためでなければ認められるのが原則となっています。一つの例を挙げておきます。

一九九六年に最高裁が、この問題に関連して重要な判決を下しています。兵庫県の高等専門学校の学生さんのなかに、「エホバの証人」というキリスト教系の組織に属している人がいました。彼らは、信仰上の理由から剣をとって戦うことを禁じられており、剣道の授業を拒否しました。そのために原級留置（留年）のうえ退学を命じられ、もう一人は自主退学を余儀なくされたのです。これに対して、ほかの実技なり試験なりの代替措置を認めずに留年のうえ退学させたのは、学校の「裁量権」を逸脱するものだとして、学生側が訴えを起こしました。一審では敗訴しましたが、二審と最高裁は学生側の主張を認める判決を下したのです。最高裁は、全裁判官の一致で、学生さんの信教の自由と信仰に基づく信条に配慮せず、結果的に退学処分としたのは、学校側に裁量権の逸脱があると認めています。

もちろん、どんな宗教的信条でも規制しないというのではありません。あくまでケースによりますが、この程度のことで学生が不利益をこうむることは憲法で保障している信教の自由を不当に制約したというのです。現在の日本の場合、公権力が宗教を利用することには強い抵抗を示しますが、個人がおおやけの場に宗教を持ち込んでも、大きな問題にはなりにくい構造になっています。戦前の国家による神道の利用に対する批判と反省は、かなり定着しているように思えます。

その一方で、民族主義の方は依然として力をもっています。戦後になってからも、日本が国民国家であることには変わりありませんから、民族主義がなくならないのは当然です。ただし、民族主義というのは、異文化との共生を実現するには相当に厄介な存在です。

一つの社会に、多数を占める民族と少数派の民族がいる場合、必ずと言ってよいほどコンフリクトが発生します。たいていの場合、多数派が少数派に対して差別的であったり、抑圧的であったりすることが原因です。これに対して、少数派も、民族主義を掲げて対抗しようとします。日本では、「郷に入っては郷に従え」と言いますが、民族を異にする集団のあいだで、これを言ってしまうとお互いの関係は相当にぎすぎすしたものになってしまいます。さりとて、国民国家の枠組みにいる限り、多数派が自分たちの民族主義を捨ててしまうこともありえません。

誰を国民とみなすのか？——ヨーロッパにおける厄介なムスリム

この問題はかなり普遍的に存在します。なにも、日本社会での日本人と在日朝鮮・韓国人の問題だけではありません。ヨーロッパに眼を向けてみると、この問題は、「誰を国民とみなすか？」という国民国家の基本原理によって、大きく三つのタイプに分かれます。

一つは、同じ血統を受け継ぐ民族が国民になるという考え方です。ヨーロッパでの代表はドイツです。日本もこのタイプです。

ドイツ型の場合、同じ民族は血統によって受け継がれると考えますので、そもそも外国からの移民が同じ民族とみなされる可能性はかぎりなく低くなります。どんなにドイツ語ができようと、どんなにドイツの文化を愛していようと、です。ドイツは、二十世紀の後半に労働力不足から移民を受け入れましたが、長いこと、移民に国籍取得の権利があるとは考えませんでした。国籍というのは、あくまで国家の裁量で与えるものであって、二世になろうと、三世になろうと、移り住んだ人間には「国民になる権利」があると考えなかったのです。

もう一つは、肌の色が違おうと、どこから来た人間であろうと、国民国家の構成員となる民族は、むしろ、共通の言語や社会規範を受け入れることによって決まるという考え方です。この典型はフランスです。フランスの場合、西アフリカのニジェールから来た人であろうが、もともとパリに住んでいた人であろうが、フランス語を習得し、フランス共和国の原理や原則を受け入れるなら、フランス人だということになっています。少なくとも原理的には。したがって、肌の色がちがっていても、元の民族が異なっていても、フランスで生まれ育った人は、当然、フランス語を習いますし、フランス共和国の原則も受け入れるだろう、だからフランス国民として処遇すべきだと考えていました。

そして三つめは、共通の国語をもちますが、それ以外の宗教、思想、信条などには、あまり深く干渉しないタイプの国です。オランダ、ベルギー、イギリスなどヨーロッパにはわりあいとたくさんあります。アメリカやオーストラリアのように、最初から移民でできあがったのもこのタイプの国です。こういう国では、もともと住んでいる人は同じ民族ではあったのですが、人の出入りに慣れているため、国家は単一の民族できっちり創るべきだという強い民族主義を持ちません。EUでは、あまり強い民族主義を主張しないヨーロッパの小国が統合をめざして大切な役割を果たしてきました。

おおざっぱに三つに分けましたが、いずれのタイプの国にも、二十世紀後半から、ムスリムの移民がどっと入っていきました。ドイツにはトルコ出身者、フランスには旧植民地のアルジェリア、チュニジア、モロッコなどの出身者、イギリスには、これも旧植民地のインド、パキスタン、バングラデシュ出身者、オランダにはトルコやモロッコの出身者、スウェーデンにはトルコやイラクの出身者。もちろん、ヨーロッパ諸国は、多くの難民も受け入れています。中東からアフリカにかけて、激しい紛争を経験した国は多いですから、ムスリムの難民もかなりヨーロッパ諸国に定住しています。

働くためにヨーロッパに渡ったムスリム移民について考えると、受入国の景気が良い時期には、あまり問題が起きませんでした。しかし、ヨーロッパ諸国は一九七〇年代以降、経済が停滞して失業問題が顕在化していきます。もう少し細かく言うと、一九七三年に第一次石油危機が起きてから、低成長と高失業の状態が、多少の変化はあっても続いてきました。低成長のなかで、なんとかしのいでいる時期と、短期間にバブルのような経済成長を遂げるものの、すぐにドーンと景気が落ち込むことの繰り返しです。二〇一一年には、ついにEUの共通通貨だったユーロまで危機に陥ってしまいます。

その結果、一九七〇年代以来、移民はだんだんと厄介な存在とみなされるようになります。最初は、人種と民族の違いから、受入国の社会が敵意を向けました。黒人であるがゆえに差別を受ける。トルコ人であるがゆえに差別を受けるというものです。背景は異なるにせよ、日本で在日朝鮮・韓国人が差別を受ける場合も、民族を理由にされていることが多いのと同じことです。

しかし、ヨーロッパの国はどこもそうですが、人種差別や民族差別を禁じています。禁じてもなくならないのですが、少なくとも、あからさまにある民族に属す人びとを差別したり攻撃したりすることは法的にも許されません。ドイツでは、ナチスの人種主義を徹底的に批判するために、憲法擁護庁という役所をつくって、人種・民族差別を監視しています。

一九九〇年代まで、ドイツではそれでも民族差別がなくならず、トルコ人に対する排斥の動きは、たえず存在していました。とくに、一九九〇年に東西ドイツが再統一を果たすと、むくむくとドイツ民族主義が高揚し、移民や難民が襲撃される事件が起きています。しかし、ドイツは、それでも何とか過去と向き合い続けます。二度とナチス時代の惨劇を繰り返してはならないという決意も簡単には揺らぎませんから、移民や難民に対する攻撃が起きると、それに反対する市民のデモも活発に行われていました。

フランスでは、もとより人種差別も民族差別も禁止されているのですが、陰でアフリカや中東出身者に対する差別は続いてきました。ただし、フランス語を十分に習得し、フランスの文化や社会規範を受けいれてきた移民たちは、ちゃんとフランス社会でも上昇することができました。それができなかった移民たちは、差別や攻撃の対象になっていきます。

イギリスやオランダは、移民に対して、もっとも寛容な国でした。最初から、他の文化をもつ人たちを社会の構成員と認めていたので、移民にとっては、かなり居心地の良い国だったのです。移民がかたまって暮らしても、文句を言われることはあまりありませんでした。むしろ、かたまっていた方が、何かと都合がいいのではないかという肯定的な反応でした。

しかし、この状況は、二〇〇一年の9・11同時多発テロ事件を境に、劇的に変化します。宗教のちがい、つまり、相手がムスリムである場合には、どんなに差別的な態度をとったり、差別的な言動をしても、それが差別とみなされなくなってしまったのです。

日常的な例を挙げてみましょう。ドイツのベルリンでのことです。何年かにわたって、学生といっしょに行ったフィールド・ワークで、市民たちに街頭インタビューをしました。テーマは、ムスリムとの共生です。少なくとも、9・11より前には、ムスリムが増えすぎるのは嫌だとあからさまに言う人は、ごく少数でした。しかし、9・11の後になると、「ドイツはキリスト教の国、だからムスリムの姿やモスクの塔を見たくない」と公言する市民はあきらかに増えました。このインタビューでは、かならずビデオカメラを向けていましたし、それが日本で放送される可能性があることもあらかじめ断ってのことです。

以前、民族差別の問題が深刻になったときでも、市民がカメラを向けられて「トルコ人に出ていってほしい」などと言うことは決してありませんでした。差別をするのは、ネオ・ナチのような極右であって、多くの市民は、内心ではどう思っていたかは別として、そういうことを口にすることはありませんでした。もし、口にすると、ネオ・ナチ扱いされますし、社会から厳しい批判を受けていたからです。

ところが、ムスリムという宗教的なアイデンティティに対しては「人をその属性によって差別をしてはならない」というルールがはたらかないのです。むしろ、本当は、前からトルコ人などのムスリム移民を嫌っていたのですが、9・11以降は、「トルコ人」と言わずに「ムスリム」と言えば、激しい嫌悪を表しても問題にならなくなったとみるべきでしょう。あのような凄惨なテロを起こすような人間として、ムスリムを一括《くく》りにしてしまったのです。

状況は、オランダでも、フランスでも、イギリスでもいっしょでした。二〇〇四年に、スペインのマドリードで、二〇〇五年にはイギリスのロンドンで、イスラーム急進派によるテロが相次ぐと、もはや、この流れは止めようがありませんでした。イスラーム＝テロを肯定する宗教、ムスリム＝テロリスト、という図式が、あっという間に広まっていったのです。

そんなことを言っても、実際、テロを起こしたのがムスリムなのだから仕方ないではないか、と言われるかもしれません。しかし、言うまでもなく、テロリストのムスリムは、ほんの一握りにすぎません。それでも、イスラームという宗教が暴力を肯定するジハードの観念をもっているから、過激なムスリムが出てくるのではないか、という懸念はヨーロッパ社会にいまも深まっています。このこと自体は、否定しようがありません。たしかに、イスラームでは、ムスリムの社会が存亡の危機に瀕《ひん》するようなことになれば、命がけで戦うことを命じているからです。この、信徒共同体を防衛するための戦いをジハードと呼んでいることも、そのとおりなのです。

しかしながら、宗教を掲げてテロを起こすということなら、北アイルランド紛争でのカトリックとプロテスタントの抗争もおなじことです。キリスト教徒の過激派がテロを起こしても、誰も、キリスト教という宗教が暴力的であるとか、キリスト教徒はテロリストだ、などと言いません。現代の世界で、ムスリムとイスラームだけが、好戦性や暴力性によって語られているのです。

実態からいえば、ほとんどのムスリムが、アメリカとその同盟国によるアフガニスタンへの侵攻（9・11の直後にはじまりました）やイラク戦争を肯定しませんでしたし、武力で、罪もない人びと、とりわけ子どもや女性の命を奪ったことには激しく憤りました。それは間違いなく事実です。だからといって、テロや武力闘争に打って出るムスリムは、意外なほど少ないのです。

共存への理性を失ったヨーロッパ

ヨーロッパでは、二〇〇一年以降、ヨーロッパ側からムスリムに対して、ありえないほどの罵声が浴びせられました。一般市民だけではありません。本書の初めに書いたように、二〇〇六年には、ローマ教皇ベネディクト十六世までが、ドイツのレーゲンスブルクで行った講演で、イスラームとムスリムを激しく侮辱しました。預言者ムハンマドがもたらしたのは、冷酷と暴虐だった――十五世紀初頭のビザンツ皇帝の言葉を引用するかたちではありましたが、このような激しい非難をカトリックの頂点に立つ教皇が口にしたのは深刻な問題となりました。先代の教皇、ヨハネ・パウロ二世は、教皇としてはじめてシリアの首都ダマスカスにあるウマイヤ・モスクを訪れた人だったからです。ヨハネ・パウロ二世は、カトリックと正教会との対立にも終止符を打ちました。同じ一神教であるユダヤ教とイスラームに対しても、敵視しない姿勢をとっていました。それが、教皇ベネディクト十六世になって、がらりと変わってしまったのです。

人権擁護の先進国、デンマークでは、「ユランズ・ポステン」という新聞が、イスラームの預言者ムハンマドをからかうような風刺画を掲載して、世界のムスリムから激しい抗議を受けました。ムハンマドの頭にターバンを巻いて、そのターバンが爆弾になっていて導火線に火がついているというものもありました。

ムスリムの多くは、実際にこの絵を見なかったでしょう。そのようなものを見たくなかったからです。ムハンマドはキリストとちがって、ただの人間ですが、その代わり、全世界のムスリムの限りない敬愛の対象となっています。その、敬愛の対象がこともあろうに、テロリストの首領のように描かれた——そのことを伝え聞くだけでムスリムは怒りに震えたことでしょう。

しかしそれでも、テロのような暴力にでたのは、ほんの一握りのムスリムでした。シリアやレバノン、パキスタンなどでデンマーク大使館が攻撃されました。風刺画を描いた画家たちは暗殺の脅威にさらされました。私たちなら、表現の自由というものがある以上、描いた人間や掲載した新聞社を敵視することは許されないと考えます。私自身も同じ考えです。しかし、ムスリムにとっては、言葉では言い尽くせない屈辱だったと思います。世界に一五億もいる人びとに、限りない屈辱を味わわせ、怒らせることを「表現の自由」というなら、私は断固として反対します。

それは、神を捨てた人間にとっての「自由」であって、神と共にある人間にとっては「自由」の問題ではなく、存在のすべてを否定する行為に等しいのです。残念ながら啓蒙主義を経て理性の社会となったヨーロッパは、そのことに気づかなかったのです。あるいは、気づいていていながら、あえて挑発したのです。実際、これはひどく単純な話です。虐《いじ》めに次ぐ虐めを受けてきた人間が、最後に暴力をもって報いる。もちろん、暴力はいけないと諭すことはできます。しかし、諭したところで効果がないであろうことは、虐めた側が自覚すべきです。

このような挑発の一つの例が、フランスでのスカーフやヴェールの着用禁止です。フランスは、ムスリム女性のスカーフやヴェールに対して、公教育の場での着用を禁止し、さらにはすっぽり全身を覆うようなブルカ（ブルカはアフガニスタンの衣装ですから、そんなものをフランスで被《かぶ》る女性はほとんどいないのですが）のおおやけの場での着用には罰金を科すという刑罰まで制定しました。

　フランス側の理屈としては、フランス共和国は、徹底した世俗主義の国であり、おおやけの場で宗教的シンボルをこれみよがしに掲げる行為は憲法に反するというものです。もう一つの重要なポイントは、スカーフやヴェールが女性の個人としての人格を否定し、権利を抑圧する道具だから、というものです。これらの理屈は、右派であろうが、左派であろうが、共通していました。フランスの政治は、いまだに右派と左派が争うかたちをとっているので、つまり、フランスのあらゆる政治勢力から、ムスリムのスカーフやヴェールは非難を浴びたことになります。

　フランスが徹底した政教分離を貫いてきたことを、私はいささかも否定する気はありません。フランスは、もっとも厳格な世俗主義を国家の原則と決めています。立法、行政、司法はもとより、公教育も含めて、宗教を持ち込む、あるいは宗教的なシンボルを身に着けることさえ禁止されます。国家の側も宗教や教会に干渉することはできません。日本でいう政教分離よりも厳しい考え方です。逆に考えると、それだけ厳しく、宗教（信仰）と公的な領域を分離しないと、教会の力が民衆を支配しかねないという懸念があったということでしょう。

　二〇〇四年、フランスは、宗教的シンボルの公教育への持ち込みを禁じる法律を制定しました。ターゲットとなったのは、明らかにムスリムの女性たちです。ムスリムの成人女性（通常、二次性徴を認めた女性を成人とみなします）は、髪の毛や喉元、うなじなどを性的な部位として、スカーフやヴェールなどで覆います。

フランスでは、このスカーフやヴェールが、イスラームという宗教のシンボルであるから、公立学校はもちろん公的な機関において着用することを禁じるというのです。あえて被ろうとすれば罰金刑（一五〇ユーロ）が科されますし、女性に被ることを強要した男性は、なんとその百倍、一万五〇〇〇ユーロの罰金だそうです。

原則上は、キリスト教徒の十字架も、ユダヤ教徒の男性が被るキパという帽子も、シク教徒のターバンも、仏教徒の袈裟《けさ》も、神道の神職の衣装も同じく禁じられます。しかし、現実にはキリスト教徒の十字架は、「これみよがしな大きさ」でなければ許されますし、なぜかユダヤ教徒のキパには、歯切れが悪いのです。しかし、頭を覆うスカーフには、これみよがしもなにもありません。

ムスリム女性の頭部を覆う被り物ですが、これがイスラームの行動規範に由来することは確かです。その源になるのは、コーランに、女性も男性も恥部を覆いなさい、異性を見るときは目を伏せなさい、とあることと、ムハンマドの妻がヴェールで頭部を覆っていたという伝承があることが主な根拠です。つまり、羞恥心の対象となる部位を他人の眼から隠しなさいと言っているのです。

実にばかばかしい議論なのですが、西欧の女性だろうと日本人だろうと、乳房や下半身を露出して歩く人はいませんし、もしそんなことをしたら処罰されるはずです。たしかに、いまの西欧や日本では、女性の髪の毛は恥部ではないでしょう。しかし、ムスリムの女性にとっては恥部なのです。ただし、イスラーム法には、隠さなかったからといって罰則はありません。ムスリムでも、西欧世界に慣れているなら、被らない女性はいくらでもいます。恥ずかしいと思うなら、被るだけのことです。

そんなことを法律まで制定して禁止するというのは、どう考えても、フランスの人びと（法案には七割近い国民の支持があったそうです）は、イスラームを嫌っているとしか考えられません。あるいは、イスラームをフランスに持ち込むなら、フランス共和国の法律に従わなければならないと確信しています。

世俗主義という暴力

フランス社会が、なぜ世俗主義を大事にするのかはわかります。自分の国の歴史のなかで、教会（カトリック）が長いこと民衆を支配し、搾取してきたからです。ヨーロッパの場合、一人の領主が治めていた地域に、カトリックとプロテスタントがまざることはあまりありませんでした。なぜなら、領主が自分の宗教をカトリックと決めれば、領民もカトリック。領主がプロテスタントと決めれば、領民もプロテスタントと決められてしまったからです。フランスの場合は、国王がカトリックだったわけですから、国民もカトリック教会に従わなければならなかったのです。そして、従わない人びとに残酷な刑を科してきました。国王、貴族とならんで、聖職者たちと教会もまた、民衆を支配したのですから、フランス革命を境に、民衆の側は、教会にも反旗を翻すようになりました。

そのフランスが、教会と縁を切るのは二十世紀の初頭のことです。一九〇五年に、「国家と教会の分離法」を制定して、ようやく、フランス国民は、教会に縛られることなく生きる自由を手にしたといえます。しかし、それでも、フランス人の生活の中に、キリスト教、カトリックは、深く、深く、深く根を下ろしています。

フランス人の名（姓ではなくファースト・ネームのほうです）を見てみましょう。名のことをフランス語でプレノムというのですが、フランス語で検索すると、たくさんのプレノムのページが出てきます。日本語で書くとなんのことだかわかりませんが、生まれたお子さんに、どんな名前をつけるかのアドバイスをするサイトです。もちろん、本もたくさんあります。

その名前（おおむねヨーロッパ人はどこでもそうですが）は、いまもってキリスト教の聖人だらけです。というより、聖人以外の名前を探す方が難しいくらいです。二〇一〇年に生まれた男の子では、一位がトマ（トマス）、二位がルカ、三位がテオで、いずれもキリスト教の聖人。テオにいたってはギリシャ語で「神」そのものです。女の子では一位がリー、二位がマノン、三位がカミーユ。いずれも聖人（女）か、旧約聖書に関連したヘブライ語起源の名前です。ブランド名にあるクロエやアニエス（アグネス）、ローラなども女性の名前ですが、みな聖書由来。

宗教が人間の内面に深く関わることが問題なのではありません。教会という組織を通じて人間の自由に干渉し、政治権力もにぎって人間を支配してきたからこそ、フランスの市民は、二十世紀に入って教会と国家の断絶を宣言したのです。いまだに赤ちゃんの名前にカトリックの聖人の名前をつけざるをえないというのですから、ヨーロッパにおけるキリスト教の浸透というのは、私たちの想像を超えて根深いものです。

その一方で、ヨーロッパの人びとは、教会の力だけでなく、カトリックの教義から離脱することによって、より合理的な判断ができるようになりました。信仰よりも、理性を重んじてものごとを考えるようになったことで、科学技術は著しい発展を遂げます。フランスが、人権や民主主義という社会の規範を打ち立てるうえで大きな貢献をしたのは、確かに、教会と国家が縁を切って、人間に教会と信仰から離れてものを考える自由を保障したことによります。これこそ啓蒙主義の成果でした。

しかし、一点、自由にならなかった問題があります。それは、人間の心の平安に関することです。善悪の判断や、人間の生き方に関する指針を、もはや神のことばに求めることができないわけですから、それも人間が考えださなくてはなりません。これは、ひどく難しいことです。合理主義をつらぬけば、人間は自分ですべて答えを出さねばなりません。

一度、神を捨ててしまうと、人間は、神にしがみつく人間を「遅れた人間」として軽蔑するようになります。二十世紀も半ばを過ぎてから、ムスリムが労働移民としてフランスに入ってきます。彼らの多くは、かつてフランスが支配した北アフリカや西アフリカの人びとでした。フランスは、植民地支配をした地域で、かならず「フランス」を植え付けようとしました。その結果、チュニジア、モロッコ、セネガルなどの人たちは、フランス語を話すことができたのです。それは、移民としてフランスに行く際には強みになりました。最初に労働者としてわたったムスリムの移民たちは、しかし、それほど信仰に関心をもっていませんでした。これもフランス統治のおかげですが、宗教から離れると人間が進歩することを啓蒙思想といっしょに刷り込んだためです。

しかし、世俗主義の牙城のようなフランスで半世紀を過ごすあいだに、移民たちはムスリムとして再び覚醒してしまったのです。結論的に言えば、神を捨てる生き方を、彼らはやっぱりできなかったのです。理性で物事を判断し、合理主義に基づいて行動し、ついでに酒も飲むし、自由な恋愛もする——それでもなお、ムスリムの移民たちは心の平安を手に入れることができなかったということです。

もちろんそこには、移民に対する差別があったことも否定できません。大都市の郊外の低所得層向けの住宅に集まって暮らさざるを得ない生活を送ってきた多くの移民には、フランスの国是、「自由」「平等」「博愛」はいかにも胡散《うさん》臭いものに思えたでしょう。最後の「博愛」(fraternité) について、日本語では、嫌われてもなお愛してあげよう、というような意味合いで「博愛の精神」といいます。あるいは、自分が嫌だと思うことを他人にせず、他人が喜ぶことをしなさい、というひどく道徳的な言葉にも聞こえます。しかし、フランス語には、どうもそういう意味は希薄なようです。うちのルールと価値を守るなら「愛してやろう」ということです。実際、ムスリム移民たちの多くは、フランス社会から愛されてきた経験がありません。

　もちろん、フランス語をきちんと習得し、高学歴を手にし、強烈な国家主義、世俗主義や啓蒙主義を含めて、フランス精神を心から好きになっていれば、一定のところまで愛してもらえます。肌の色が黒かろうが、黄色であろうが、そのようなことは問題とされません。たしかに、あくまで一個人として、フランス社会に同化すれば、愛してもらえるのです。

　しかし、それは限られたエリートの移民だけに実現できたことです。大多数のムスリム移民たちは、そこには至りませんでした。その結果として、彼らはイスラームに回帰する道を選びはじめたのです。これが、フランス社会をひどく苛立《いらだ》たせました。とりわけ、9・11の後に成立したサルコジ大統領の政権は、それまで極右勢力がつかっていた堅固な国家主義の再建をかかげて、移民に同化を迫ったのです。

　しかし、時はすでに遅すぎました。ムスリム移民は、彼らが疎外されてきたのはフランスだけの問題ではなく、ドイツであろうと、オランダであろうと同じであることを知っています。それだけではありません。どんなにオサマ・ビン・ラディンが常軌を逸したテロリストであっても、彼が、現代のイスラーム社会は、欧米諸国による攻撃と抑圧の下にあると主張した部分には、おおいに共感したのです。

二十世紀を通じて、パレスチナ問題は解決されず、二十一世紀に入ると、イラクやアフガニスタンでムスリムの民衆が欧米の戦力によって虐殺されていく状況をみていた移民たちは、ホスト社会に対して刃《やいば》を向けないまでも、少なくとも、その価値を受け入れろと恫喝《どうかつ》する姿勢に対して、強く抵抗するようになったのです。

おわりに

この本を書いているとき、トルコの東部ヴァンというところで、かなり大きな地震が発生し、六〇〇人あまりの犠牲者がでました。二〇一一年十月のことです。被災者を救援するために、日本のNPO法人「難民を助ける会」の人たちが現地に向かいました。

彼らが支援活動を始めて間もなく、十一月の初めに、イスラームの犠牲祭が来ました。イスラームの祝日は、イスラーム暦が月の満ち欠けで決まるので、毎年、前にずれていきます。二〇一一年の犠牲祭は冬の始まりを告げる十一月でした。犠牲祭というのは、その前の月に聖地メッカへの大巡礼を行ったことを神に感謝する祭りです。しかし、解体された犠牲の獣（おもに羊や牛）は、貧しい人びと、困難な状況にある人びとに分け与えられます。神に犠牲をささげるというかたちをとって、富の再分配をする行為なのです。

日本の援助隊の人たちも、厳しい寒さが迫るなか、牛を一頭買いして被災者に配って歩きました。その姿は、トルコの多くの新聞が報道し、遠方から来た日本人が、イスラーム的な道徳を理解していることに感謝の意を表していました。

それから数日後、再び大きな地震がヴァンを襲い、日本人ボランティアが泊まっていたホテルが一瞬のうちに倒壊してしまいました。二人のうち、宮崎敦《みやざきあつし》さんは十三時間後にがれきの下から救出され、懸命の手当がなされましたが亡くなりました。もう一人、近内《こんない》みゆきさんは、五時間半後に負傷しながらも救出されました。

それからの数日間にトルコの人びとと政府がとった行動は、イスラームとはどういうものかを示す典型的なものでした。トルコでも、政治的な党派はいくつかに分かれます。現在の与党、公正・発展党はイスラーム政党ですが、最大野党の共和人民党は西欧型の世俗主義を支持します。もう一つの主要な野党、民族主義者行動党はトルコ民族主義を掲げる右派です。

ところが、政党を問わず、あるいは政治に関心のない若者たちも含めて、被災者の救援のために日本からトルコに来て、一人が命を落とし、もう一人が負傷したことに対して、嵐のように、悲嘆と同情の声が沸き起こったのです。

被災者という、困難のなかにある人を助ける行為は、言うまでもなくイスラーム的な善行です。イスラームでは、弱者や貧しい人に対する手助けをことのほか重視します。神が人類に示した道徳規範のなかでも、もっとも重要なものだからです。旅人や病人、怪我人なども、もちろん、イスラーム的には弱者となります。しかし、手助けをするにあたって、その意図は、純粋に善意に立っていて見返りを求めるものであってはなりません。二人は、地震の被災者のために遠く離れた日本から救援に来ていた「旅人」です。善き意志にもとづいて、遠く離れた地からやってきて、弱者救済に奔走したのちに、自らが被災したのです。

ムスリムとして、いたたまれない思いだったでしょう。トルコ中の人たちが、がれきの下から救出される二人の姿を食い入るように見ていました。トルコのテレビというテレビが、救出の状況を速報で伝え続けました。

不幸にして宮崎さんが亡くなられたと報じられるや否や、トルコのツイッターには、「助けてあげられなくてごめんなさい」、「あなたがたは私たちに道を示してくださいました」、「トルコの人間は恥ずべきです。なぜ善意で救援に来た日本人を犠牲にしてしまったのでしょうか」という書き込みがあふれました。ヴァンの空港には、病院機が待機して、宮崎さんをアンカラの病院に搬送するよう、エルドアン首相から指示が出ていましたが、果たせませんでした。

亡くなられた宮崎さんの棺《ひつぎ》が日本に送られる前、トルコ政府は、イスタンブールの迎賓館と空港で政府が告別式を行い、儀仗《ぎじょう》隊が礼を尽くして棺を飛行機に乗せました。国葬のような扱いでした。トルコ外務省の高官、イスタンブール県知事、イスタンブール市長が列席しました。イスタンブールの迎賓館には日本の国旗が掲揚されたそうです。これは、国賓がいる場合にしかしないはずですから、宮崎さんは国賓として扱われたことになります。その飛行機が成田空港に到着すると、トルコ航空の乗員一同が整列し、敬礼して棺を迎えました。

救出された女性は、首相府の特別機で首都アンカラに搬送されました。その飛行機には、地震災害を担当する大臣が付き添いました。これも首相の指示によるものでしたが、首相は、日本への政治的配慮からそこまでしたわけではありません。日本は、トルコにとって、外交上それほどの重要性を持ってはいません。

首相も閣僚たちも敬虔《けいけん》なムスリムですから、あまりにも当然のこととして、目に見えない絶対者としての神に突き動かされるように、こうしたのです。アンカラの病院には、外相や副首相たちが相次いでお見舞いに訪れ、首相もお見舞いの電話をしています。彼女の実家にも、ギュル大統領はお見舞いの手紙を送っています。

もちろん、トルコは伝統的に親日国ですから、国家として、たいへん丁寧に礼儀を尽くしたことは間違いありません。しかし、数日のあいだのトルコ人たち、トルコ政府の対応をみていると、やはり、そういう「国家としての好意」ではなかったと私は思います。国中のムスリムから、巨大なうねりのように心から犠牲になった方を追悼することばがあふれ、救助された方には最大限の助力をしなくては、という気持ちがあふれたのです。

この事故について、ムスリムたちが私に言ったことはみな共通していました。「助かった女性は、彼女の「善き意図」をアッラー（神）が汲《く》み取って生かされたのでしょう」。

こんな言い方をされると「では、亡くなった方はどうなるのか」と私たちは考えます。すかさずムスリムたちが私に言ったのは、「アッラーは彼をその善行のゆえに御許《みもと》に召されたのです」という一言でした。

私たちにはわかりにくいことですが、アッラーというのは超越的な絶対者ですから、森羅万象のすべてを動かす力をもっています。それゆえに、時として、人間には辛く悲しいことも引き起こすことがあるというのです。日本では、「神さまの悪戯《いたずら》」というような表現を使うことがありますが、イスラームでは神は悪戯などしません。神の意志は人間には知りえないものなのです。

善意の人が命を落とした場合には、亡くなられた方がムスリムであろうとなかろうと「御許に召す」、すなわち来世での「楽園（天国）」が間違いなく保証されたと解釈するのです。イスラームでは、非ムスリムもまた、超越的絶対者としての神によって造られた存在です。人類は、すべてアッラーのもの、なのです。ですから、信徒以外の人にも、絶対者としての神の力がおよぶと考えます。

被災者を助けるために来た人が、一人は命を失い、もう一人は、命を失う寸前で救助されたことに対して、ムスリムであるトルコ人は、途方もなく動揺し、悲嘆に暮れました。生きている人間としてできる最大限のことをしようと奔走したのです。そのことに、イスラーム主義者も、世俗主義者もありませんでした。世俗主義を支持するトルコ人もまた、ムスリムとしての根底を失ってなどいません。

国家の長たる大統領や首相は、ムスリムたる国民が居ても立ってても居られないほどに悲嘆している姿に、国家としてできる限りのことをしました。もし、しなかったら、彼らの政治生命は終わります。思い出してください。なぜ、チュニジアの独裁者ベン・アリやエジプトの独裁者ムバラクが市民の手によって追放されたかを。

トルコの人びとと政府が日本人ボランティアに対して行ったことには、ムスリムの死生観がはっきりと表れています。人間の身に何が起きるかは、神にしかわからない。人間が「あれをすればこうなる」というように原因と結果を結びつける合理主義的な発想ですべてを理解した気になることをイスラームは認めません。

とりわけ、最後の最後、人の生死に関することがらだけは、絶対に、人間の主体的意思や、合理主義にもとづく因果論を認めません。病気があったから死ぬ、致命的な怪我を負ったから死ぬことはムスリムにも当然わかります。しかし、その人の死を前にして、因果論を述べ立てることだけは絶対にしません。それは、残された人に、終わりのない悲しみと苦しみをもたらすからです。

宮崎さんの死に悲嘆に暮れながらも、アッラーが御許に召されたと解釈することによって、無機質な「原因と結果」から人を解放しようとするのです。注目すべきは、非ムスリムの死に対しても、いささかの区別もなく、神が御許に召されたと考えている点です。

そう言われても、ご遺族の悲しみがやわらぐわけではありません。それでも、ムスリムは、それを言い続け、そう信じるのです。残された方の苦しみや悲しみが、エンドレスに続くことがないようにと周囲の人びとが、みなで「神の御許に召された」ことを、声に出して語り続けるのです。

それが、イスラームという宗教における、唯一絶対の神、アッラーに対する全面的な預託です。この全面的預託のことを、イスラームといい、すべてを神にゆだねる人のことをムスリムといいます。この意志が民意となって広く噴き出してきたとき、政権がそれを汲みとって政治を行えば、イスラームの民主主義が成立することになるのです。

あとがき

　本書の仕上げにかかっている二〇一二年の六月、アフガニスタンにおける和解と平和構築を模索するための国際会議を、私が勤務する同志社大学で開きました。世界で初めて、タリバンが公式代表団を送ってきました。他の反政府イスラーム勢力も来ました。そして、カルザイ大統領の側近も来ました。対立する勢力を代表する人たちが、とにもかくにも、初めて同じテーブルについたことになります。それぞれの主張には大きな隔たりがありましたが、外国勢力の撤退が必要なことと、アフガニスタンの将来はアフガン人自身の手で決めるべきであることについて、意見は一致しました。欧米諸国が民主化を押し付ける時代は終わりました。イスラームする人びとが、自らの価値の体系にしたがって民主化を進めることを私たちは見守らねばなりません。

　会議の後の懇親会では、全ての参加者が同じ鍋を囲んで食事をしました。それまで、日本食に手をつけなかった参加者たちが、いっせいに鍋に手を伸ばしたのには驚きました。ひとつの鍋を囲んで車座になって食事をする雰囲気は、アフガンの人たちの心の琴線に触れたそうです。それで何かが急に変わるとは思いません。しかし、対話には必ずなんらかの出発点が必要です。

この本では、今のイスラーム世界で起きていることがらを通じて、ムスリムと非ムスリムの対話のために何が必要なのかを書きました。両者の溝を少しでも埋めていく時代を創っていくきっかけになれば著者として大きな喜びです。最後になりましたが、筑摩書房の田所健太郎さんには、編集者として適切な助言をいただきました。お礼を申し上げます。

chikuma primer shinsho

ちくまプリマー新書 184

イスラームから世界《せかい》を見《み》る

二〇一二年八月十日　初版第一刷発行
二〇一五年二月五日　初版第四刷発行

著者　内藤正典（ないとう・まさのり）

装幀　クラフト・エヴィング商會

発行者　熊沢敏之

発行所　株式会社筑摩書房
東京都台東区蔵前二－五－三　〒一一一－八七五五
振替〇〇一六〇－八－四一二三

印刷・製本　株式会社精興社

ISBN978-4-480-68885-9 C0214 Printed in Japan

乱丁・落丁本の場合は、左記宛にご送付下さい。
送料小社負担でお取り替えいたします。
ご注文・お問い合わせも左記へお願いします。
〒三三一－八五〇七　さいたま市北区櫛引町二－六〇四
筑摩書房サービスセンター　電話〇四八－六五一－〇〇五三